JN418165

가족시간과
삶의 질

가족시간과 삶의 질

This Edition was published by Jipmoondang Publishing Co. in 2018, Seoul, Korea.

428
아산재단 연구총서

사회복지와 행복

가족시간과 삶의 질

이윤석
송유진
김주현

집문당

이윤석(李允碩) 서울시립대학교 도시사회학과 교수
송유진(宋有鎭) 동아대학교 사회학과 교수
김주현(金珠賢) 충남대학교 사회학과 교수

아산재단 연구총서 428
사회복지와 행복
가족시간과 삶의 질

2018년 5월 30일 1판 1쇄

저 자 | 이윤석, 송유진, 김주현
발행인 | 임동규
발행처 | **집문당**
등 록 | 1971. 3. 23. 제300-2012-69호
영업부 | 10881 경기도 파주시 광인사길 85(파주출판도시)
(02)743-3192~3 팩스(02)742-4657
전자우편 | sale@jipmoon.co.kr
편집부 | 03134 서울시 종로구 돈화문로 82 집문당빌딩 5층
(02)743-3096~7 팩스(02)743-0227
전자우편 | edit@jipmoon.co.kr
홈페이지 | www.jipmoon.co.kr

ISBN 978-89-303-1782-5 94330
ISBN 978-89-303-1500-5(세트)

가격 13,000원

이 도서의 국립중앙도서관 출판시도서목록(CIP)은 e-CIP홈페이지(http://www.nl.go.kr/ecip)와 국가자료공동목록시스템(http://www.nl.go.kr/kolisnet)에서 이용하실 수 있습니다.
(CIP제어번호: CIP2017035515)

머리말

정부는 저출산 · 고령사회에 대한 대책에서 부모의 근로시간 단축을 최우선 과제 중 하나로 삼고 있다. 그래서 근로 기준법상 기준 근로시간 단축, 근로시간 단축급여 지원 인상, 유연근무 활성화 등을 구체적인 정책목표로 설정하였다. 정부의 이러한 노력에 기업들도 화답하고 있다. 신세계그룹은 대기업 중 최초로 주 35시간 단축 근로제를 도입하기로 했다. 평일 기준 근무시간을 8시간에서 7시간으로 단축하는 것이다. 일과 생활의 균형을 추구하기 위한 조치로 직원들에게 저녁이 있는 삶을 주자는 취지라고 설명하였다. 언론은 다른 대기업 및 중견기업들도 연쇄적인 변화를 추동할 가능성이 높다고 분석하였다.

근로시간의 단축을 추진하는 배경 중 하나인 삶의 질을 높이기 위해서는 가족과 보내는 시간이 확보되어야 한다는 믿음이 있다. 일벌레로 소문난 한국인들은 이제 저녁에는 직장을 떠나 여가를 즐기거나, 다양한 배움을 통해 개인을 신장시키거나, 배우자와 자녀들과 좋은 시간을 보낼 수 있어야 한다는 것이다. 그야말로 우리는 이제 일과 삶의 균형을 추구하는 새로운 단계로 진입해야 한다고 생각한다.

그렇지만 우리는 과연 가족들과 같이 보내는 시간을 즐겁게 생각할까? 아니 그 전에 여유 시간이 생긴다면 가족들과 함께 시간을 보낼까? 이러한 의문을 갖고 관련 연구를 찾아보면 의외로 별다른 경험적 탐색이 없다는 점에 놀라게 된다. 한국 사람들은 실제로 부모, 배우자, 자녀들과 얼마나 시간을 보내며 또 무엇을 하고 있는지 우리는 잘 모른다. 더군다나 그 가족들과 보내는 시간을 여가로 느끼는지 또는 또 다른 일로 느끼는지에 대한 과학적 확인도 별로 없다. 결국 우리는 실제로 우리에게 좋은지 확실하지도 않은 대상으로 최우선 목표로 정해놓고 그 목표를 위해 경주하고 있는 것이다.

이런 인식과 현실의 차이가 이 연구의 시작이 되었다. 마침 통계청이 본 문제의식에 대해 답을 찾아볼 수 있는 신뢰할 수 있는 자료를 산출하여 본 연구를 구상할 수 있었다. 본 연구팀은 한국인들의 24시간을 10분 단위로 살펴보며 앞서 제기된 문제에 답을 찾아보려고 노력하였다. 본 저서는 그러한 노력의 결과이다. 분석 결과, 우리는 가족시간에 대해 일관되고 깔끔한 답을 얻을 수는 없었지만, 누구와 같이 있는지 그리고 무엇을 하는지 등 다양한 조건에 따라 사람들은 가족시간에 대해 다양하게 느끼고 있다는 점을 알 수 있었다. 때문에 삶의 질 증진이라는 최종적 목표를 이루기 위해서는 어쩌면 근로시간의 단축은 시작에 불과할지 모른다. 따라서 연구자들은 가족시간과 삶의 질이라는 두 변수 사이에 벌어지고 있는 많은 과정에 대한 연구를 본격적으로 시작해야 할 것이다. 연구진은 이 저서가 새로운 연구 흐름의 시작이 되기를 바란다.

마지막으로 연구진은 이 연구를 가능하게 해준 아산사회복지재단에 고마움을 표시하고 싶다. 가족들이 같이 보내는 시간에 대한 경험적 연구의 필요성을 인지해준 재단의 혜안이 없었다면 본 연구는 불가능했을 것이다. 그리고 본 연구의 시작부터 끝까지 많은 일들을 도와준 심규선 씨

(서울시립대 도시사회학과 박사)와 김필숙 씨(서울시립대 도시사회학과 박사과정 수료)에게도 큰 감사를 표하고 싶다.

2018년 5월
연구진 일동

차례

Ⅳ. 부부가 함께 보내는 시간 / 45

Ⅴ. 부모와 자녀 / 87

VI. 노인들이 함께 보내는 시간 / 129

VII. 결 론 / 159

표/그림 차례

Ⅰ. 서 론

I. 서 론

1. 연구의 배경

최근 가족들이 함께 보내는 시간을 의미하는 '가족시간(family time)'에 대한 관심이 높아지고 있다(강성진, 2010). 아버지가 직장에서 돈을 벌고 어머니가 가족과 집안을 돌보던 과거에 가정은 각 구성원들이 부여된 사회적 역할을 잘 하기 위해 건강을 유지하고 피로를 푸는 부차적인 곳이었다. 하지만 이제 가족을 바라보는 시각이 완전히 달라졌다. 직업적 성공 못지않게 단란한 가족을 삶의 주요한 목표 중 하나로 인식하고 있으며 삶에 대한 만족도에서 가족이 차지하는 비중도 매우 커졌다. 그래서 수입이 적더라도 퇴근시간을 보장해주는 직업을 찾는 등 가족시간을 많이 확보하려고 노력하고 있다. 또한 가족들이 함께 경작하는 주말농장을 찾고 가족캠핑장에서 가족만의 시간을 가지는 등 가족들끼리 시간을 잘 이용하려고 고심한다. 특히 많은 현대 부모들은 자녀들과 더 많은 가족시간을 가져야 한다고 생각한다. 부모와 함께 보내는 시간이 자녀의 성장에 여러모로 필요하다고 믿기 때문이다. MBC의 '아빠 어디가'나 KBS의 '슈퍼맨이 돌아왔다'등 리얼리티 프로그램은 아버지가 자녀들과 고군분투하는 모습을 보여주면서 아버지, 어머니, 자녀들이 함께 보내는 시간을 이상적으로 그린다.

그러나 현실적으로 가족들이 한자리에 모이기는 더욱 어렵다(문유경,

강민정, 2003; Glorieux et al., 2011). 우선 한국 근로자들은 오랜 시간을 직장에서 보내고 있다. 2014년 전체 취업자들의 평균 근로시간은 2,124시간으로 OECD 34개 회원국 중 멕시코 다음으로 2위를 차지하고 있다. 1,371시간으로 가장 짧은 독일보다 연간 4개월을 더 일하는 셈이다. 게다가 남편과 아내 모두가 일하는 맞벌이부부는 빠르게 이상적인 형태로 자리 잡고 있다. 2013년 1,178만 유배우 가구 중 42.9%인 505만 5천 가구는 맞벌이부부였다. 맞벌이부부는 직장 영역과 가족 영역 역할을 모두 수행해야하기 때문에 많은 역할 갈등을 느낀다(Gracia & Kalmijn, 2016).

부모만 바쁜 것은 아니다. 자녀들도 시간에 쫓기기는 마찬가지다. 한국 청소년들은 초등학교를 다닐 때부터 학교와 학원을 오가는 삶을 살고 있다. 통계청의 2014년 학생 생활시간 조사를 보면, 학교나 학원같이 자신의 의지로 선택하지 않은 시간이 초등학생 19시간, 중학생 20시간, 고등학생 20.5시간 전후로 하루의 80% 가까이 된다. 대학이나 취업 등 장래를 위해 현재의 삶은 무시되고 있다. 부모와 자녀 모두 바쁘게 일상을 보내다 보니 가족구성원들이 한자리에 모여 시간을 보내는 "저녁이 있는 삶"은 언감생심 꿈도 꾸기 어려운 실정이다(Lesnard, 2008). 그래서 많은 가족들은 가족시간이 매우 부족하다고 생각한다(Dew, 2009).

가족시간의 부족은 개인들에게 매우 심각한 문제를 초래할 수 있다(Cha & Eun, 2014). 가족들이 함께 보내는 시간은 가족들의 관계형성에 기본적 요건이다. 가족관계가 건강하기 위해서는 구성원들이 자연스럽게 감정과 생각을 나누는 기회를 많이 가져야 한다. 때문에 같이 나눌 경험과 기억이 부족한 부부 그리고 자녀는 건강한 관계를 유지하기 어렵다

(Milkie et al., 2004; Offer, 2013). 친밀한 가족관계의 결핍은 회복탄력성(resilience) 형성에 치명적 장애를 일으킨다고 알려져 있다(Ashbourne & Daly, 2012). 회복탄력성은 여러 가지 역경, 시련, 실패를 도약의 발판으로 삼아 더 높이 오를 수 있는 심리적 성향 또는 능력을 의미한다. 회복탄력성이 있는 개인은 삶의 어려움을 겪더라도 다시 본 궤도에 올라 원래 있는 위치보다 더 높이 오를 수 있다. 회복탄력성이 높은 아동은 어머니 또는 아버지와 매우 가까운 사이를 유지하며 부모로부터 많은 정신적 지지를 얻는다. 학업 스트레스에 시달리는 청소년들 그리고 직장과 가족의 압박 때문에 힘들어 하는 부모들은 건강한 가족관계에서 얻을 수 있는 심리적 회복탄력성이 꼭 필요하다. 또한 가족들과 함께 보내는 시간은 행복감에 매우 중요하다. 왜냐하면 같은 행위라도 가족과 함께인지 여부에 따라 삶에 대한 만족감, 일상에서 느끼는 갈등, 배우자 또는 자녀와의 관계 등에 미치는 영향이 다르기 때문이다. 여가활동을 예로 들어보자. 많은 경험적 연구들은 혼자서 보내는 여가시간보다는 배우자와 함께 보내는 여가시간이 행복감과 관계만족도에 더 큰 상관관계가 있다고 지적한다(Roeters & Treas, 2011). 이와 같은 결과는 다양한 행위에서 비슷하게 보고되고 있다.

2. 연구의 필요성

앞에서 살펴본 바와 같이 가족시간과 삶의 질은 광범위한 시간결핍 현상에 따라 가족연구에서 중요한 주제로 떠오르고 있다(장승진, 2011;

Roxburgh, 2006). 이에 따라 많은 경험적 연구들이 수행되어 가족시간과 삶의 질의 관계에 대해 이해를 넓혀 준 반면, 몇 가지 한계가 있다.

많은 연구들이 특정집단에 대한 편의표집을 통해 연구대상자들을 선정하여 진행하였다. 그러나 가족에 대한 견해는 계층, 문화, 집단 등 여러 기준에 따라 다르다. 자연히 가족과 함께 보내는 시간이 갖는 함의도 다를 수 있다. 그렇기에 기존 연구의 결론을 일반화하기 어렵다. 이러한 문제점은 정책적 측면에서도 큰 장애가 된다. 정책입안자들은 가족시간의 긍정적 함의가, 예를 들어 경제적으로 어려운 아동들에게 더 강한지, 반대로 경제적으로 여유가 있는 아동들에게 더 강한지 알고 싶어 한다. 만약 집단별 차이를 알 수 있다면 정책적 노력을 더 집중해야 하는 집단도 자연스럽게 파악될 수 있다.

본 연구에서는 가족시간과 삶의 질에 대한 기존 연구에서 나타나는 제한점을 보완하기 위하여 생활시간 자료를 적극 활용한다. 생활시간 자료는 전 국민을 대상으로 하루 24시간을 무엇을 하며 보내는지 살펴보는 자료로서, 연구대상의 대표성을 확보할 수 있으며 주요한 활동을 포괄하여 가족생활과 삶의 질의 양상을 파악하는 데 유용하다. 그런데 생활시간 자료는 일상적 행위 파악은 가능하지만 가족과 같이 보내는 시간에 대한 태도나 인식 등에 대한 파악은 어렵다. 따라서 일반 국민에 대한 온라인조사 그리고 다양한 집단에 대한 포커스그룹면접을 통해 가족시간의 주관적 측면도 살펴본다.

본 연구에서는 젊은 세대 핵가족과 노부부가족 등 가족생애주기에 따른 가족시간사용과 삶의 질의 차별성을 규명함으로써 집단 간 가족시간사용 양상을 비교한다. 특히 가족시간사용과 삶의 질의 관계에 있어서 어떤 집단이 취약한지 파악한다. 지금까지 가족생활과 삶의 질에 대한 연구는 가족 특성, 활동, 관계를 개별적 내용으로 분석하였는데, 본 연구는 가족생활의 각 연구 내용이 조형(造形)되어 나타나는 가족시간사용이라는 복합적 내용으로 연구를 확대한다. 이러한 연구 결과를 통해 원만하고 행복한 가족생활을 위하여 가족구성원이 함께 또는 따로 시간을 효율적으로 사용함으로써 생활만족도를 높일 수 있는 정책적 함의를 제시한다.

II. 기존 문헌 고찰

Ⅱ. 기존 문헌 고찰

1. 삶의 질과 행복 및 소득수준과의 관련성

어떤 사람이 행복한가, 무엇이 삶의 질을 높이는가에 대한 관심은 꾸준히 지속되어 왔다(Ha & Kim, 2013). 최근에는 학문적, 정책적으로도 행복과 삶의 질에 대한 관심이 높아지고 있다. 이는 GDP만으로는 인간의 행복을 설명할 수 없다는 공감대에서 비롯되었다(한준, 김석호, 하상응, 신인철, 2014).

많은 학자들이 행복과 삶의 질을 어떻게 정의하고 측정할 것인가에 대하여 논의하였다. 실제 연구에서는 삶의 질과 행복, 주관적 안녕(well-being), 삶의 만족감이 혼용되지만, 개념적으로는 약간씩 구분된다(류지아, 2016b; Helliwell and Wang, 2014). 일반적으로 삶의 질이 가장 포괄적인 개념이며 주관적 측면과 객관적 측면으로 구성된다. 주관적 측면을 측정하는 개념으로 주관적 안녕이라는 용어를 사용하고 이는 또다시 삶의 만족도와 행복으로 나뉜다. 삶의 만족도는 개인이 생각하는 이상적인 삶을 기준으로 현재 삶의 다차원적인 측면에 대해 총체적으로 인지하고 평가하는 것으로 인식된다. 반면 행복은 일시적인 감정 상태로 정의된다(남은영, 이재열, 김민혜, 2012; 류지아, 2016b; Hansen, 2012; Ong, Ho, Ho, 2013).

Halliwell과 Wang(2014)은 주관적 안녕을 측정하기 위해서는 삶에 대한 평가(life evaluation)와 현재 감정 상태(current emotions)를 구분해야 한다고 주장했다. 삶에 대한 평가는 축적된 경험들에 대한 총체적인 평가로서 회고적인 답변에 의존하는 면이 강한 반면, 현재 감정 상태는 일시적이고 현재의 상태에 대한 즉각적인 반응이므로 두 가지는 각각 다른 측면을 반영할 수 있다는 것이다. 이상적으로는 각각을 가장 잘 반영할 수 있는 측정방법을 사용하여 두 가지 모두 연구에 포함하는 것이 좋겠지만, 일반적으로는 삶에 대한 평가가 일관성이 있어 더 좋은 연구 대상이라고 할 수 있다.

그렇다면 무엇이 삶의 질 혹은 행복에 영향을 미치는 것일까? 많은 연구들이 삶의 만족도나 행복감에 영향을 미치는 요인을 밝히고자 시도하였다. 처음에는 국가 수준의 비교 연구에서 출발하였으나 점차 개별 국가를 중심으로 확대되었다. 많은 국가들이 경제발전이 이루어지면 국민들의 삶의 질이 높아질 것이라는 기대로 경제발전과 성장에 집중하였다. 그러나 일정 수준의 경제성장 이후에는 행복수준의 증가속도가 감소하여 포화점에 이른다든지(서문기, 2015), 일정 정도의 소득수준이 넘어가면 국가의 경제발전 정도와 국민의 행복감이나 삶의 질이 정적인 관계가 아니라는 결과가 관찰되기 시작하였다(류지아, 2016b; Easterlin, 1995; Oshio, Nozaki, Kobayashi, 2011; Wang and Wong, 2014). 소위 이스털린의 역설(Easterlin paradox)이라고 불리는 현상이 관찰되면서 절대적인 소득수준 외에 상대소득수준이라든지 기타 개인적인 다른 요인이 삶의 만족도나 행복감에 미치는 영향을 밝히려는 노력이 집중되었다.

상대소득수준 가설(relative income hypothesis)은 자신의 소득이 그대로 유지되거나 오른다고 하더라도 준거집단이 되는 타인의 임금이 오르면 개인의 행복은 감소할 것이라고 주장한다(Oshio et al, 2011). Oshio 외(2011)는 미국, 영국, 독일과 같은 서양에서는 상대소득수준 가설이 일관적으로 확인되었으나 아시아에서는 검증된 바 없다는 점에 착안하여, 한국, 중국, 일본 자료를 활용하여 상대적 소득수준과 행복의 관계를 살펴보았다. 행복감을 종속변수로, 개인소득과 가족소득, 주관적 계층귀속의식, 가족소득에 대한 주관적 평가를 독립변수로 한 결과 한국, 일본, 중국에서도 상대소득수준 가설이 지지되었다. 즉 절대적인 소득수준보다는 준거집단과 비교했을 때의 상대적인 소득수준이나 이에 대한 주관적 평가가 행복감에 더 큰 영향을 미친다는 것이다. 주관적 평가를 통제한 후에도 가족의 소득과 비슷한 특성을 지닌 집단의 평균소득과의 차이가 개인의 행복감에 중요한 영향을 미쳤다.

물론 상대소득수준이 중요하다는 것이 절대소득수준의 중요성을 부인하는 것은 아니다. 경제발전 정도가 덜한 나라일수록 절대소득의 효과가 크지만, 여전히 절대적 소득수준은 대부분의 국가에서 개인의 행복감이나 삶의 만족도에 긍정적인 영향을 미친다(Chen, 2012). 절대소득수준과 상대소득수준을 모두 독립변수로 활용한 강성진(2010)의 연구에 따르면 상대소득수준이 행복감에 미치는 효과가 더 크기는 하지만 절대소득수준과 상대소득수준 모두 행복감에 영향을 미치는 것으로 나타났다.

류지아(2016b)는 국가수준의 비교결과와 마찬가지로 개인수준에서도 소득이 일정 수준을 넘어서면 행복에 대한 영향력의 유의미성은 사라지는지 알아보고자 하였다. KGSS 자료를 분석한 결과, 한국의 경우는 포화

점은 존재하지 않고 최저점이 존재하는 구조임을 밝혔다. 소득이 많을수록 더 행복해지며 차상위층이 가장 덜 행복한 상태였다. 차상위층의 행복 최저점에 대해서는 복지수혜자로서의 박탈감을 느끼는 현상이 아닐까 해석하였다. 개인수준에서 소득과 행복간의 포화점 존재 여부는 국가마다 다른 결과를 보여서 아직까지 분석의 여지가 남아있다.

동일한 자료를 사용하여 다수준 분석을 실시하여 한국인들의 행복감에 미치는 상대소득효과를 분석한 연구(류지아, 2016a)는 지역의 평균소득이 증가할수록 행복에 대한 개인소득효과가 감소하므로 상대소득효과가 존재하는 것으로 주장하였다. 그러나 가구소득 자체도 행복에 정적인 영향을 미치며 상대소득이 행복감에 미치는 영향은 계층별로 차이가 있음 또한 밝혔다.

2. 개인의 특성과 삶의 질

연령, 성별, 혼인상태, 건강상태도 개인의 삶의 질이나 행복에 영향을 미치는 공통적인 요인으로 밝혀진 바 있다. 국가에 상관없이 주관적 건강상태는 개인의 행복이나 만족감에 정적인 영향을 미친다(류지아, 2016a; 한준 외, 2014). 결혼상태도 대부분의 연구에서는 기혼이 다른 경우보다 행복한 것으로 나타난다(강성진, 2010; 류지아, 2016a; 류지아, 2016b; Chen, 2012; Halliwell and Wang, 2014; Han, 2015; Oshio et al, 2011; Robinson, 2013; Wang and Wong, 2014). 연령 효과도 비교적 일관적이다. 나이가 들수록 행복감이 저하되거나 U자형으로 나타난다(강성진,

2010; 류지아, 2016a; 류지아, 2016b; Halliwell and Wang, 2014; Han, 2015; Oshio et al., 2011; Robinson, 2013; Wang and Wong, 2014). 반면 성별은 행복감에 미치는 영향이 없기도 하고(류지아, 2016a; 류지아, 2016b; 한준 외, 2014; Oshio et al., 2011), 여성이 남성보다 높은 행복감을 보고하는 경우도 있다(강성진, 2010; Chen, 2012; Halliwell and Wang, 2014; Han, 2015; Robinson, 2013; Wang and Wong, 2014).

교육수준의 효과는 일관적이지 않은데, 이는 소득수준과의 상관성 때문인 것으로 논의된다. 일반적으로 교육수준은 행복감과 정적인 연관성을 보이거나(강성진, 2010; 류지아, 2016a; 류지아, 2016b; 한준 외, 2014; Halliwell and Wang, 2014; Han, 2015), 영향력이 없는 것으로 나타난다(Wang and Wong, 2014). 국가마다 차이가 관찰되기도 하는데, 한국, 중국, 일본을 비교한 Oshio 외(2011)의 연구에서는 중국에서는 교육이 행복에 미치는 정적인 효과가 일관적이었으나 한국과 일본에서는 교육의 효과가 미미하거나 없는 것으로 나타났다. 반면 한국, 중국, 일본, 대만 자료를 분석하여 교육이 행복에 미치는 영향을 살펴본 Chen(2012)의 연구에서는 네 국가 모두 교육의 정적인 효과가 관찰되었다.

Chen(2012)의 연구는 교육의 직접적 효과 이외에 교육의 간접적 효과를 살펴보았다는 점에서 다른 연구와 차별적이다. 교육수준이 높을수록 소득수준이 높아져서 행복감에 정적인 효과가 있을 수도 있고, 교육수준이 높을수록 사회자본과 국제적인 경험이 높아져서 더 넓은 세계와 연결되기 때문에 행복감이 높아질 수도 있다는 것이다. 전자는 교육으로 인한 물질적인 측면의 간접효과, 후자는 교육으로 인한 비물질적 측면의 간접

효과로 풀이된다. 한국, 중국, 일본, 대만을 비교한 결과, 교육수준이 행복에 미치는 정적인 효과는 일관적으로 확인되었다. 교육의 직접적인 효과는 한국, 중국, 대만에서는 일관적으로 긍정적이었으나, 일본에서는 국제적 감각이나 경험과 같은 교육으로 인한 비물질적 효과가 포함되면 교육의 직접효과가 사라졌다. 또한 교육으로 인한 간접효과 중에서는 소득수준보다는 사회적 연결망이나 국제적 경험과 태도와 같은 비물질적 요인이 행복감에 더 중요한 영향을 미치는 것으로 나타났다. 특히 대만과 한국의 경우 교육으로 인한 물질적 효과(소득)보다 비물질적 효과(사회적 연결망과 국제적 경험)가 더 크게 나타났다.

위에서 살펴본 개인의 인구사회적 특성 외에도 사회자본 혹은 사회적 관계가 행복에 영향을 미친다는 연구 결과도 있다. 사회자본은 사회적 지지(social support), 신뢰와 호혜성(trust and reciprocity), 사회적 연결망과 참여(social network and participation)로 구성되는 것으로 이해되기도 하는데(Chen 2012에서 재인용) 일반적으로 사회자본은 삶의 질과 행복감에 긍정적인 영향을 미치는 것으로 밝혀졌다(Halliwell and Putnam, 2004). 캐나다 자료를 분석한 Leung 외(2011)의 연구에서도 사회자본이 행복에 정적인 영향을 미치는 것으로 나타났다.

일반적으로 사회자본의 효과는 개인수준에서 분석되는데 Han(2015)은 사회자본의 중요한 구성요소인 신뢰와 호혜성은 가족에서 길러지거나 가족의 영향을 많이 받기 때문에 개인수준과 가족수준을 함께 고려해야 한다고 주장하였다. 서울복지패널자료를 분석한 결과, 사회자본의 효과는 개인수준과 가족수준에서 모두 중요함이 밝혀졌다. 개인수준과 가구수준 모두에서 다양한 조직의 활동에 참여하고 자원봉사활동에 참여할수록 행복감이 높게 나타났다.

기존 연구들이 사회자본의 중요한 구성요소 중 하나인 사회적 관계가 삶의 질에 미치는 긍정적인 영향만 조명하였다면, 한준 외(2014)는 사회적 관계가 삶의 만족도에 긍정적, 부정적으로 영향을 미칠 수 있음을 고려하였다. 사회적 관계를 통하여 신뢰를 형성하거나 물질적, 비물질적 지원을 받을 수 있다면 삶의 만족도에 긍정적일 수 있지만, 사회적 관계를 통하여 부정적인 경험을 하거나 자신보다 우월한 사람들을 비교집단으로 삼아 비교를 하면 삶의 만족도에 부정적일 수 있다는 것이다. KGSS 자료를 분석한 결과, 사회적 관계의 양면성이 관찰되었다. 사회적 관계를 통해 심리적 지지를 받고 어려울 때 도움을 받을 수 있을수록 삶의 만족도가 높아졌다. 동시에 사회적 관계의 결과 다른 사람들과 비교하여 열등감을 느끼거나 남으로부터 무시를 당하거나 인정받지 못한 경험을 한 사람들은 삶의 만족도가 낮았다. 즉 사회적 관계 자체가 삶의 만족도에 무조건 긍정적인 효과를 발휘하는 것이 아니라 사회적 관계를 통하여 어떤 경험을 하느냐가 중요할 수 있다는 점이 밝혀졌다.

3. 자녀와 삶의 질

기혼자의 경우 자녀가 삶의 만족도나 행복감에 어떤 영향을 미치는지에 대하여 수행한 연구들도 있는데, 대부분 자녀는 행복감에 부정적인 영향을 미치는 것으로 나타났다. 가족 관련 연구에서는 오래 전부터 부모됨이 보상과 부담을 동시에 발생시키지만, 보상과 부담이 서로 상쇄 효과를 지닌다고 주장한 바 있다. 그러나 자녀가 행복감에 부정적인 영향을 미치는 결과는 최근에 관찰되었다. 물론 국가별로 차이가 관찰되기도 한다. 상대소득이 행복감에 미치는 효과를 살펴보기 위하여 한국, 중국, 일본을 비교한 OShio 외(2011)의 연구에서는 자녀의 수가 늘어날수록 한국과 일본의 만족도는 낮아졌으나 중국은 만족도가 높아졌다.

자녀가 삶의 만족감이나 행복에 부정적인 영향을 미친다는 결과는 일반적인 믿음과 배치된다. 일반적으로 사람들은 부모가 됨으로써 인생이 의미 있어지고 충만하게 살 수 있다고 믿는 경향이 있다. 반면 자녀가 없는 사람들은 공허하고 외로울 것이라고 생각한다(Hansen, 2012). 그런데 왜 이런 믿음과 달리 자녀가 삶의 만족도나 행복에 부정적인 영향을 미치는 것일까? Hansen(2012)은 다양한 자료들을 통하여 부모됨이 삶을 충만하게 하고 행복하게 한다는 일반적인 믿음이 생기는 배경을 논의하였다. 또한 이러한 믿음에도 불구하고 자녀가 삶의 만족도나 행복을 낮춘다는 결과를 제시한 다양한 연구들을 소개하였다. 더불어 기존 연구들은 횡단자료에 근거하였다는 점을 지적하면서 종단자료를 분석한 연구결과와 자녀와 행복감을 매개하는 변수들을 밝힌 연구들을 제시하였다.

미국, 호주, 독일, 영국과 같은 서양의 종단자료를 분석한 연구결과들에 따르면 자녀출산이 행복감에 지속적으로 동일한 영향을 미치는 것은 아니다. 출산 후 1~2년간은 만족도와 행복감을 높이지만 이후에는 점차 낮아지는 경향이 있다(Hansen, 2012). 또한 자녀출산이 개인의 행복감에 동일한 영향을 미치는 것도 아니다. 일반적으로 배우자가 있는 경우에는 출산이 행복감에 부정적인 영향을 미치지 않는다. 배우자가 없는 경우에만 자녀출산이 행복감에 부정적인 영향을 미친다. 또한 계층별로도 자녀의 효과가 다른데, 고학력 고소득층의 경우에는 자녀출산이 만족도에 긍정적인 영향을 미치지만, 자녀출산의 부정적인 효과는 저소득층에서 강하게 나타난다(Hansen, 2012). 이는 자녀출산으로 발생하는 경제적 비용의 영향 때문인 것으로 풀이된다. 기존 문헌과 연구 자료들을 종합하여 분석한 결과, Hansen(2012)은 부모됨 자체는 삶의 만족도와 행복에 긍정적인 영향을 미치지만, 부모됨으로 발생하는 비용 때문에 행복에 부정적인 영향을 미치는 것으로 요약하였다. 따라서 부모됨의 효과는 개인의 계층적 특성과 국가의 자녀양육에 대한 지원, 자녀양육에 있어서의 성평등에 따라 다를 수 있다고 주장하였다.

Pollman-Schult(2014)도 Hansen과 유사한 질문을 가지고 연구를 시작하였다. 부모됨이 행복을 높일 것이라는 일반적 믿음과 달리 왜 실제로는 행복감을 낮추는 결과를 보여주는지 알아보기 위하여 독일 자료를 분석하였다. Fawcett(1988)에 따르면 자녀는 즐거움, 재미를 줌으로써 부모의 정서적 욕구를 충족시키고 다른 부모와의 관계를 형성함으로써 사회적 연결망을 넓히고 부모의 사회적 정체성을 충족하는 역할을 한다. 반면 시간비용, 경제적 비용, 심리적 스트레스를 수반하기도 한다. 이와 같은 부모됨의 양면성을 고려하여 독일 자료를 분석한 결과(Pollman-Schult, 2014), 부모됨이 삶의 만족도에 미치는 긍정적인 효과가 자녀출산으로 수반되는 경제적인 비용으로 상쇄됨을 밝혔다. 경제적 비용과 시간적 비용이 통제되면, 자녀가 있는 부모가 자녀가 없는 부부보다 만족도가 높았으나 이러한 만족도는 경제적, 시간적 비용으로 감소된다는 것이다. 따라서 국가적으로 자녀양육에 투입되는 경제적 비용과 시간적 비용을 지원해 준다면 자녀출산이 개인의 삶의 만족도나 행복에 미치는 영향이 달라질 수 있다고 주장하였다.

4. 시간사용과 삶의 질

과거에는 월수입이나 경제적 측면에 초점을 맞추어 삶의 질에 영향을 미치는 객관적 지표에 관심을 기울였다면, 점차 개인의 시간사용이 삶의 질에 어떤 영향을 미치는지에 대한 관심이 늘어나고 있다(Bonke et al., 2009). 지난 2009년 OECD와 EU에서 GDP에 국한되지 않고 삶의 질을 측정하는 새로운 지표를 만들기 위한 노력을 시도한 것이나 캐나다의 삶의 질 지표(index of wellbeing)에 시간사용이 포함된 사실(Zuzanek and Zuzanek, 2015)은 삶의 질에 미치는 시간사용의 중요성이 국제적으로 인지되었음을 보여준다.

그러나 구체적으로 누구와 무엇을 하면서 보내는 시간이 개인의 행복에 중요한 영향을 미치는지 분석한 연구는 많지 않다. Robinson and Matin(2008)은 삶의 질 관련 연구에서 행복한 사람들이 일상에서 무슨 활동을 하는지 밝혀진 바가 없다는 점에 주목하였다. 지난 34년간 축적된 시간일지(time diary) 자료와 GSS 자료를 분석한 결과, 자녀를 포함한 다른 사람들과 함께하는 활동이 가장 즐거운 활동으로 보고되었다. 또한 행복한 사람들은 그렇지 않은 사람들에 비하여 사회적 활동이나 종교활동에 더 참여하고 신문을 읽는 경향이 있는 것으로 나타났다. 또한 1965년부터 2010년까지 미국에서 수집된 시간일지 자료를 분석한 결과, 시간압박은 행복감에 부정적인 영향을 미치지만 지나치게 많은 시간이 생기는 것도 행복에 긍정적인 영향을 미치지 않는다는 점이 밝혀졌다(Robinson, 2013).

유사한 맥락에서 미국과 캐나다에서 장기간 수집된 시간일지 자료를 분석한 Zuzanek과 Zuzanek(2015)의 연구 역시 가족과 식사하기, 친구나 친척과 얘기하기, 다른 사람과 여가활동 즐기기와 같은 다른 사람과 함께 하는 활동이 가장 즐거운 활동으로 꼽혔음을 보여주었다. 그러나 시간적 측면을 고려하면 단기적으로는 즐거운 활동이 장기적으로는 즐겁지 않을 수도 있다는 점이 밝혀졌다. 대표적인 예는 TV 시청과 인터넷 사용인데, 이 활동들은 단기적으로는 즐거운 활동으로 평가되지만 장기적으로는 행복감을 증진시키지 못하는 것으로 나타났다. 즉 혼자 하는 활동은 장기적으로는 행복에 긍정적이지 않은 것으로 해석된다.

일부 학자들은 개인의 만족감은 여가시간을 얼마나 가지며, 여가시간을 어떻게 보내는가와 관련이 있다는 전제 하에 여가활동과 행복의 관련성에 주목하였다. 여가활동을 통하여 삶의 의미를 찾을 수 있고 가족이나 친구와 긍정적인 경험을 할 수 있으며, 자아정체성을 높여서 만족감을 높인다는 것이다. Wang과 Wong(2014)은 33개국에서 수집된 ISSP 자료를 분석하여 여가와 행복의 관련성을 연구하였다. 일반적으로 여가시간을 다른 사람들과의 관계를 강화시키고 지식을 습득하는 데 쓰고 있다고 생각하는 사람들은 행복감이 높고, 여가시간에도 일을 생각하는 사람들은 행복감이 낮은 것으로 나타났다. 구체적인 여가활동의 효과를 살펴보면 인터넷 사용만 행복감에 부정적인 영향을 미치고, TV 시청, 쇼핑, 독서, 문화행사 참석, 친척이나 친구와 시간 보내기, 음악 감상, 운동하기, 운동경기 시청은 행복에 긍정적인 영향을 미쳤다. 국가별로는 일반적으로 미국과 서유럽인들이 동유럽이나 남미인들에 비하여 행복한 것으로 나타났다.

Valente과 Berry(2016)은 남미와 미국의 자료를 활용하여 비교한 결과, 남미의 기혼남성들은 노동시간이 주당 40시간보다 짧으면 가족이나 친구와 보내는 시간이 늘어나기 때문에 행복감이 늘어나는 반면, 미국의 기혼남성들은 노동시간이 길수록 행복감이 늘어난다고 주장하였다. 이는 남미의 가족주의적 성향과 미국의 개인주의적 성향, 미국의 경쟁적인 노동시장의 특성을 반영한 결과로 해석되었다. 이 연구는 국가에 따라 시간활용이 행복감에 미치는 영향이 다를 수도 있다는 점을 보여주었다.

Halliwell과 Wang(2014)은 일상적으로 'blue monday'를 얘기하는데 요일별로 행복감에 차이가 있는지를 분석하였다. 미국의 자료를 이용한 결과, 주말효과가 있는 것으로 밝혀졌다. 주말효과는 특히 남성, 기혼자, 취업자에게 더 강하게 나타났으며, 주말에 더 행복한 이유는 가족이나 친구와 시간을 많이 보낼 수 있기 때문이었다. 주말에는 주중보다 가족이나 친구와 함께할 수 있는 시간이 1.7시간 늘어나기 때문에 행복감이 늘어나는 것으로 분석되었다. 지금까지 살펴본 바와 같이 시간사용과 행복 관련 연구들은 일반적으로 가족을 포함하여 다른 사람들과 함께 하는 활동의 중요성을 밝혔다. 이런 연구들을 바탕으로 최근에는 가족과 함께하는 시간에 초점을 맞추어 행복과의 관련성을 밝히려는 시도가 늘어나고 있다.

5. 가족과 함께하는 시간과 삶의 질

기존 연구들을 통하여 가족이 개인의 삶의 질에 긍정적인 영향을 미치는 중요한 요인이라는 점은 밝혀진 바 있다. 가령 한국인의 삶의 질과 행복에 있어서 가장 중요한 요인으로 '가정의 화목'이 꼽힌다던지(김경미 외에서 재인용, 2012), 노인들의 삶의 만족감에 자녀와의 빈번한 접촉이 긍정적인 영향을 미친다든지(윤현숙, 유희정, 2006), 가족과 함께 식사를 자주 하거나 잦은 통화, 여가시간을 함께하는 것이 중년 한국인들의 행복감에 중요한 영향을 미친다는 점(김경미 외, 2012)들이 대표적인 예이다. 가족과 함께하는 시간의 중요성을 인지하여 한국에서는 "저녁이 있는 삶"이 정치적 슬로건으로 떠오르거나 아빠와 자녀가 함께하는 시간을 조명하는 각종 예능 프로그램들이 큰 인기를 얻은 적도 있다.

태국 청소년들을 대상으로 수행한 조사를 분석한 연구에서도 부모 모두 함께 사는 경우와 가족과 함께 시간을 많이 보내고 가족간 유대감을 강하게 느끼는 청소년이 행복감을 높게 느낀다는 점이 밝혀졌다(Gray et al., 2013). 유사한 결과가 미국과 영국 청소년들을 대상으로 수행한 연구에서도 나타났다(Gray et al., 2013에서 재인용). 미국의 기혼자 부부를 대상으로 10년간 조사를 한 결과 역시 가족으로부터 받는 정서적 지지가 행복감에 가장 큰 영향을 미친다는 점을 밝히면서 가족의 중요성을 주장하였다(North et al., 2008). Daly(2001)는 질적 연구를 통하여 응답자들은 가족과 함께하는 시간의 중요성을 인지하고 가족시간의 긍정적인 측면을 알고 있으며 가족과 많은 시간을 보내고 싶어 하지만, 항상 가족과 함께하는 시간이 충분하지 않다는 죄책감과 불만을 지니고 있음을 밝혔다.

즉 가족시간에 대한 이상과 현실의 괴리를 경험하며, 이는 상당부분 노동시간과 자녀양육에서 비롯된다고 하였다.

Klaveren와 Henriette의 연구(2007)는 네덜란드 자료를 이용하여 가족과 함께하는 시간을 늘리기 위하여 부부가 어떻게 일하는 시간을 조절하는지를 분석하였다. 이 연구는 결혼의 혜택이 공동 소비와 분업으로 얻을 수 있는 이점과 배우자와 여가를 함께 보냄으로써 얻을 수 있는 이점이라는 점을 전제하고 부부가 함께하는 시간에 초점을 맞추었다. 분석 결과 부부는 배우자와 함께하는 것을 선호하는 경향이 있으며, 배우자와 함께하는 시간을 늘리기 위하여 일하는 시간을 조절한다는 점이 밝혀졌다. 그러나 어린아이가 있는 경우에는 아이를 돌보기 위하여 부부가 일하는 시간을 조절하지만, 이때는 배우자와 함께하는 시간이 늘어나는 것이 아니라 오히려 줄어드는 경향이 있다. 이는 부부 중 한 명이라도 자녀와 함께 있기 위하여 부부가 노동시간을 서로 엇갈리게 조절하기 때문이다. 반면, 자녀가 없는 부부는 노동시간을 조절하여 배우자와 함께하는 시간을 늘린다. 즉 부부는 배우자와 함께하는 시간을 선호하고 이를 위해 노동시간을 조절하지만 어린 자녀의 존재는 배우자가 함께하는 시간에 부정적으로 작용함을 보여준다.

부부가 자녀양육에 보내는 시간을 비교하고 자녀양육과 가사분담의 성별 불평등과 이로 인한 성별 여가시간의 불평등에 대해서는 많이 논의된 바 있다(Bianchi, 2000; Bianchi and Milkie, 2010; Sayer et al., 2004). 프랑스 생활시간 자료를 분석한 연구에 따르면 어린 자녀 1명당 요구되는 최소시간이 하루에 4시간이며 자녀가 3명인 가정의 시간비용은 노동시장에서 전일제로 일하는 것과 유사함을 밝혔다. 그러나 아버지는 자녀양육으로 요구되는 시간이 일정 수준을 넘어야만 개인시간을 포기하고 자녀양육에 참여한다는 점도 알아냈다(Ekert-Jaffe, 2011). 호주의 생활시간 자료를 이용하여 자녀가 있는 부부와 자녀가 없는 부부의 시간사용을 분석한 Le와 Miller(2013) 연구는 자녀가 없는 부부가 시간사용의 불평등에 더 민감함을 보고하였다. 이러한 결과에 대하여 자녀가 있는 부부들은 자녀양육을 위하여 어느 정도는 분업을 시도하기 때문에 시간사용의 불평등을 감수하는 것으로 해석하였다.

몇몇 연구들은 행복감이나 삶의 질과 같은 주관적인 측면을 조사함에 있어서 문화적 차이가 영향을 미칠 수 있음에 주목하여 측정방법 정교화를 위한 분석을 수행하기도 하였다(Kruger et al., 2009; Zuzanek and Zuzanek, 2015). 주관적 심리상태의 측정방법이나 이에 영향을 미치는 문화적 차이에도 불구하고 개인의 삶의 질에 있어서 가족과 함께하는 시간이 차지하는 보편적인 중요성은 여러 나라의 연구들을 통하여 확인되었다.

다만 기존 연구들은 가족과 함께하는 시간을 실질적으로 측정하지 않은 채 한두 개의 설문문항으로 측정하였다는 제한점을 지닌다. 이는 개인의 시간사용을 구체적으로 확인할 수 있는 자료가 부족하다는 점과, 개인의 시간사용을 확인할 수 있는 생활시간 자료조차 대부분의 나라에서 개인 단위로 수집된다는 제한점에서 기인한다. 그러나 생활시간 자료가 가구 단위로 수집되는 나라가 늘어나기 시작하면서 가족이 함께하는 시간을 살펴보는 연구도 늘어나고 있다.

지난 40년간 축적된 미국의 생활시간 자료를 분석한 연구(Voorpostel

et al., 2009)는 시간의 비중뿐만 아니라 시간 양에 있어서도 부부가 함께 여가시간을 보내는 경향이 늘어났다고 주장하였다. 저자들은 이러한 경향성이 친밀성으로의 변화(transformation of intimacy)를 반영한 것으로 해석하였다. 벨기에의 시간 자료를 사용하여 부부가 함께하는 시간을 분석한 연구(Glorieux et al., 2011)는 주말과 저녁 시간에 부부가 함께하는 시간이 길지만, 일반적으로 부부는 하루의 반 정도를 함께한다고 주장하였다. 이 중 대부분은 수면, 휴식, 식사, TV 시청시간이며 쇼핑, 사교활동, 여가, 여행도 비교적 부부가 함께 하는 활동 중 하나임을 밝혔다. 그러나 남자는 여가활동을 배우자와 함께보다 혼자 하는 시간이 더 많고 여자는 쇼핑을 배우자와 함께 하기보다 혼자 하는 시간이 더 많다는 점도 밝혔다. 더불어 무엇이 부부가 함께하는 시간에 영향을 미치는지도 살펴보았는데, 노동시간과 어린 자녀의 유무, 자녀의 수가 중요한 영향을 미치는 것으로 나타났다.

위의 연구들은 가족이 함께하는 시간의 중요성을 인지하고 구체적인 시간 자료를 활용하여 부부를 중심으로 어떤 활동을 얼마나 길게 함께 하는지를 밝혔다는 점에서 기존 연구와 차별성을 지닌다. 그러나 가족이 함께하는 시간이 구체적으로 삶의 질에 어떤 영향을 미치는지에 대해서는 밝히지 않았다. 부부가 함께한 시간을 분석한 연구에 비하여 부모와 자녀가 함께하는 시간에 대한 연구(김수정, 김은지, 2007; 송유진, 2011; 은기수, 2009; Bianchi, 2000; Bianchi and Milkie, 2010; Sayer et al., 2004)는 많았다. 그러나 이러한 연구들은 주로 자녀양육의 성별 불평등적 관점에서 수행되었을 뿐 자녀와 함께하는 시간이 삶의 질에 미치는 영향에 대해서 밝히지는 않았다.

구체적인 시간 자료를 활용하여 가족과 함께하는 시간이 삶의 질에 미치는 영향을 분석한 연구는 Sullivan(1996)의 논문과 Flood와 Genadek(2016)의 논문이 대표적이다. 미국의 시간 자료를 분석한 결과, 식사, 휴식, 사교, 수면이 가장 즐거운 활동으로 꼽혔다. 그러나 이런 활동을 배우자와 함께 하는 것 자체는 개인의 만족감에 영향을 미치지 않았다. 오히려 이런 활동을 배우자와 함께 하면서 배우자가 얼마나 만족하느냐가 자신의 만족감에 영향을 미치는 것으로 나타났다(Sullivnan, 1996). 결과적으로 부부가 함께 시간을 보낸다는 사실 자체보다는 함께 보낸 시간으로 부부가 얼마나 정서적으로 가까운 관계를 형성하며 서로 얼마나 만족하는지가 개인의 만족감에 중요하다는 것을 보여준다.

Flood와 Genadek(2016)은 2003년부터 2010년까지의 미국 시간 자료를 사용하여 부부가 함께 하는 시간을 살펴보고 이것이 주관적 안녕감에 미치는 영향은 어떠한지를 밝혔다. 이 연구는, 자녀양육시간에 초점을 맞추어 부모가 자녀와 함께하는 시간을 분석한 연구는 많지만, 부부에만 초점을 맞추어 함께하는 시간을 살펴보고 배우자와 함께하는 시간과 만족감의 관련성을 살펴본 연구는 많지 않다는 점에 착안하였다. 또한 일반적으로 부부가 함께하는 시간은 행복감에 긍정적인 영향을 미치는 것으로 알려져 있지만 맞벌이가 많아진 현실에서 일과 가족에 헌신을 요구하는 상황이 부부시간에 어떤 영향을 미치는지 문제를 제기하였다. 배우자를 포함하여 모든 가족이 함께한 시간과 배우자와만 함께한 시간을 구분한 결과, 맞벌이부부와 자녀가 있는 경우가 그렇지 않은 경우에 비하여 가족

모두 함께하는 시간, 그리고 배우자와만 함께 있는 시간 모두 짧은 것으로 나타났다. 다만 자녀가 있더라도 자녀의 연령이 높아지면 배우자가 함께하는 시간이 길어진다. 결과적으로 맞벌이 여부, 자녀의 유무와 연령에 따라 배우자와 함께하는 시간은 달라지지만 배우자와 함께하는 시간이 길어질수록 더 행복하다는 점이 밝혀졌다.

기존 연구들을 종합하면, 삶의 질과 개인의 행복이 중요한 연구 주제로 자리매김하였으며 삶의 질에 긍정적인 영향을 미치는 중요한 요인으로 시간사용, 특히 가족과 함께하는 시간에 주목함을 알 수 있다. 그러나 자료의 제약 때문에 가족시간과 삶의 질의 관련성에 대해서는 활발히 연구되지 못하였다. 최근 들어 배우자와 함께하는 시간의 중요성을 인지하여 관련된 연구가 시작되고 있지만, 여전히 미미하다. 자녀와 함께하는 시간에 대해서는 양육과 관련하여 성별 불평등에 초점을 맞추었을 뿐, 자녀와 함께하는 시간이 삶의 만족도나 행복에 어떤 영향을 미치는 분석한 연구는 거의 없다.

한국의 생활시간 자료는 지난 1999년부터 가구 단위로 수집되었으며 2014년 생활시간 자료에 처음으로 삶의 만족감에 대한 질문이 포함되었다. 따라서 한국의 2014년 생활시간 자료는 배우자 및 자녀와 함께하는 시간을 구체적으로 포착하여 삶의 만족감과의 연관성을 밝힐 수 있다는 장점을 지닌다. 이 연구를 통하여 기존연구의 제한점을 보완하고 삶의 질에 영향을 미치는 가족시간의 중요성을 조명할 것으로 기대한다.

Ⅲ. 자료 및 방법

Ⅲ. 자료 및 방법

1. 생활시간 조사

가족시간의 실태를 파악할 수 있는 실증적 자료로 통계청의 '생활시간 자료'가 있다. 최근 조사된 2014년 생활시간 조사 자료는 한국인들이 하루 24시간을 어떻게 보내고 있는지를 파악하고 국민의 생활방식(life style)과 삶의 질을 측정할 수 있는 기초 자료로 유용하다. 2014년 생활시간 조사 자료는 약 27,000명(전국 약 12,000가구의 만 10세 이상 가구원)을 대상으로 조사가 진행되었다. 조사 방법은 응답자가 직접 시간일지(time diary)를 기입하는 방식으로, 응답자가 10분 간격으로 설계된 시간일지에 자신이 한 행동을 일기 쓰듯이 2일 동안 직접 기입하는 방식(after-coded diary)이다. 가구 및 개인 관련 조사 항목 뿐만 아니라 9개 대분류, 42개 중분류, 138개 소분류로 나뉘는 자세한 행동분류를 통한 조사가 이루어져서 한국인의 시간사용을 자세히 알 수 있다.

또한 주요한 행위를 '함께 한 사람'이 조사되어 가족구성원 간의 가족시간을 파악할 수 있다. 2014년 생활시간 조사 자료에서 '함께 한 사람'은 같은 공간에 있으면서 의식이 있는 상태에서 주된 행동을 같이 한 사람을 의미한다. 만약 함께 한 사람이 여러 명인 경우에는 모두 표시하도록 하였다. 조사에서는 '함께 한 사람별 행위자 비율'이 조사되었는데 이것은 특정 행동을 하루 24시간 중 10분 이상 한 사람(행위자) 가운데 함께 한 사람별로 행동이 발생한 사람의 비율이다. 그리고 함께 한 사람별로 특정 행동을 한 사람(행위자)들의 평균시간(함께 한 사람별 행위자 평균시간)도 조사되었다.

1) 연구의 대상 행위

가족들은 다양한 행동을 함께 할 수 있다. 그 중 본 연구는 식사시간, 여가활동, 가정관리(65세 이상 고령층에만)에 집중하기로 한다. 구체적으로 본 연구에서 가족시간(family time)으로 분석에 포함하는 활동은 다음의 행동분류에 해당되는 내용으로 한다.

본 연구에서는 2014년 생활시간 조사 자료를 활용하여 한국인들이 가족과 함께 보내는 시간의 실태와 내용을 파악하고 가족시간을 통한 생활

표 1 연구 대상 행위

연계 코드	행동분류명		
T1	개인유지	T7	교제 및 여가활동
T12	식사 및 간식	T46	애완동 · 식물 돌보기
T14	기타 개인유지	T47	상품 및 서비스 구입
T4	가정관리	T48	기타 가징관리
T41	음식준비	T72	미디어를 이용한 여가활동
T42	가정용 섬유 및 신발 관리	T73	종교활동
T43	청소 및 정리	T74	문화 및 관광 활동
T44	주거 및 가정용품 관리	T75	스포츠 및 레포츠
T45	차량 관리	T77	기타 여가활동

만족도를 살펴볼 것이다. 본 연구에서는 1) 64세 이하로 10세 이하 자녀가 있는 기혼 부부 집단과 2) 65세 이상의 고령층 집단을 분석 대상으로 한다. 본 연구에 가족시간 분석을 위하여 ① 혼자 있는 시간(주된 행동을 함께 한 사람이 없는 경우), ② 주된 행동을 배우자와 함께 한 경우, ③ 10세 미만 자녀와 함께 한 경우(64세 이하로 10세 이하 자녀가 있는 부부만)로 나누어 분석한다. 또한 각 두 집단에 대한 연구에서 필요에 따라서는 대분류인 개인유지와 교제 및 여가활동을 가족과 같이 한 시간을 사용하거나 중분류인 식사 및 간식, 기타 개인유지, 미디어를 이용한 여가활동, 종교활동, 문화 및 관광활동, 스포츠 및 레포츠, 기타 여가활동 등을 가족과 함께 한 시간을 분석하기도 한다.

2) 삶의 질 관련 변수

조사 참여자들이 혼자서 또는 가족들과 보낸 시간에 따라 삶의 질이 어떻게 달라지는지 확인하기 위해 다양한 지표들을 동원한다. 제일 먼저 생활에 대한 전반적 만족도이다. 가족들이 함께 보내는 여가, 청소년기에 부모와 함께 보내는 활동이 삶의 질에 중요한 영향을 미친다. 본 연구에서는 이에 더 나아가 어떤 활동에 누구와 함께(또는 따로) 시간을 사용함에 따라 생활만족도가 어떻게 달라지는가를 분석함으로써 가족시간과 삶의 질의 양상을 밝힌다. 삶에 대한 만족도를 물어보는 문항은 다음과 같다.

Q. 귀하는 평소 자신의 삶에 대해 전반적으로 어떻게 생각하십니까?
① 매우 불만족 ② 약간 불만족 ③ 보통 ④ 약간 만족 ⑤ 매우 만족

또한 시간제약에 대한 다음의 문항을 활용한다. 현대인에게 시간은 매우 중요한 자원인데 시간의 부족감으로 인한 제약은 삶의 질에서 매우 중요한 부분으로 지적되고 있다. 가족생활의 주요활동을 혼자서 또는 배우자, 자녀 등 가족구성원과 함께 하는지를 파악한 후 각 경우에 있어서 시간제약의 양태는 어떤지 다음의 문항을 활용하여 분석한다.

Q. 귀하는 평소 시간이 부족하다고 느끼십니까 또는 여유 있다고 느끼십니까?
① 항상 부족하다고 느낌 ② 가끔 부족하다고 느낌
③ 약간 여유있다고 느낌 ④ 항상 여유있다고 느낌

생활만족도와 시간제약뿐만 아니라 일상생활에서의 피곤에 대한 조사항목을 활용하여 현대 한국 가족의 일상적 삶의 질을 파악한다. 원만한 가족생활 유지를 위한 주요활동을 가족과 함께 어떻게 꾸려가고 있는지에 따라 일과 학습 등으로 인한 피곤함이 완화되기도 하고 악화될 수도 있다. 이러한 피곤함의 축적은 삶의 질에 있어서 부정적 영향을 미칠 수 있다.

Q. 귀하는 평소 하루 일과가 끝난 후에 어느 정도 피곤함을 느끼십니까?
① 매우 피곤함 ② 조금 피곤함
③ 거의 피곤하지 않음 ④ 전혀 피곤하지 않음

2. 분석 대상의 기본적인 특징

1) 10세 미만 자녀를 둔 부모

분석 대상인 10세 미만 자녀를 둔 부모의 기본적인 사회인구적 특성은 〈표 2〉와 같다. 전체 남성 중 98%가 일을 하지만 여성은 절반 미만이 일

표 2 10세 미만 자녀를 둔 부모의 기본적인 특성

(단위: %, 평균)

	아버지	어머니
일함	97.95	42.53
일하지 않음	2.05	57.47
고등학교 이하	25.09	28.57
전문대 졸업	25.85	33.33
4년제 대학 졸업 이상	49.06	38.20
연령	38.25(5.09)	35.75(4.64)
어린 자녀 수	1.52(0.6)	1.52(0.6)
가구소득	4.64(1.65)	4.64(1.65)
노동시간	51.28(12.93)	35.77(16.19)
가사분담만족(1~5)	3.46(0.87)	3.01(1.10)
주관적 건강상태(1~5)	3.37(0.75)	3.25(0.77)
피곤함(1~4)	3.33(0.6)	3.27(0.59)
시간부족(1~4)	3.23(0.78)	3.05(0.82)
삶의 만족도(1~5)	3.29(0.90)	3.32(0.91)
N	1,706	1,707

주: 피곤함과 시간부족 문항은 값이 클수록 피곤하고 시간이 부족하다고 느낌. 가사분담만족도와 삶의 만족도는 값이 클수록 만족도가 높고 주관적 건강상태는 값이 클수록 건강함.

을 하는 것으로 나타났다. 교육수준은 남녀 모두 4년제 대학 졸업 이상이 가장 많은 비중을 차지하지만 남성의 교육수준이 약간 높은 것으로 나타난다. 남성의 평균 연령은 38.25세, 여성의 평균 연령은 35.75세이며 어린 자녀 수는 평균 1.52명이다. 월평균 가구소득은 등간변수로 측정되었는데 평균점인 4.64는 약 400~500만 원 정도에 해당한다. 지난 한 주의 노동시간은 남성이 51.28시간, 여성이 35.77시간으로 남성이 더 높다.

5점 척도로 측정된 가사분담에 대한 만족도를 살펴보면, 남성의 만족도가 3.46으로 여성에 비하여(3.01) 훨씬 높다. 5점 척도로 측정된 주관적 건강상태 역시 남성은 3.37, 여성은 3.25로 남성이 약간 높다. 하루 일과 후 피곤함을 느끼는 정도와 시간이 부족하다고 느끼는 정도 역시 여성에 비하여 남성이 높다. 전반적인 삶의 만족도는 여성이 남성에 비하여 약간 높다.

2) 65세 이상 고령층

〈표 3〉은 65세 이상 고령층의 사회경제적 특성을 보여주고 있다. 본 분석에서는 65세 이상 고령자를 배우자가 있는지 여부에 따라 구분하였고, 각 집단을 다시 성별로 나눠서 특징을 제시하였다. 먼저 배우자와 함께 살고 있는 고령집단의 특성을 살펴보면 다음과 같다. 연령 구분으로 보면, 남성노인은 64%가 65~74세, 32.5%가 75~84세, 3.5%가 85세 이상이다. 여성노인은 74%가 65~74세, 24.9%가 75~84세, 1.1%가 85세 이상이다.

교육수준은 남성노인은 34.8%가 초등학교 졸업 이하, 21.9%가 중학교 졸업 이하, 44.2%가 고등학교 재학 이상의 학력을 갖고 있다. 이에 비해

표 3 65세 이상 배우자 유무에 따른 고령층의 사회경제적 특징

(단위: %)

		배우자가 있는 노인		배우자가 없는 노인	
		남	여	남	여
연령	65~74세	64.0	74.0	55.5	42.0
	75~84세	32.5	24.9	36.0	45.5
	85세 이상	3.5	1.1	8.5	12.4
교육수준	초졸 이하	34.8	62.1	49.1	83.0
	중졸 이하	21.0	18.2	18.4	9.2
	고등학교 재학 이상	44.2	19.7	32.5	7.9
지역	동부	77.4	76.0	90.1	88.8
	읍 · 면부	22.6	24.0	9.9	11.2
건강상태	매우 좋음	3.4	1.7	3.9	1.7
	좋은 편	29.8	22.7	19.1	19.2
	보통	46.3	45.2	50.2	45.8
	나쁜 편	17.2	25.6	23.7	27.9
	매우 나쁨	3.4	4.8	3.2	5.4
경제활동상태	일을 하였음	42.5	28.8	25.1	21.4
	휴가 및 일시 휴직	0.7	0.1	0.4	0.1
	일을 하지 않았음	56.7	71.1	74.6	78.5
직종	관리자/전문가	7.5	2.3	4.2	2.5
	사무 종사자	3.4	0.6	1.4	0.6
	서비스 종사자	12.1	15.6	6.9	19.9
	단순 노무 종사자	33.0	33.8	56.9	41.3
	농업	44.0	47.7	30.6	35.7
주택 형태	단독주택(다가구, 원룸 포함)	58.4	60.5	56.5	59.7
	아파트	31.2	30.3	31.8	30.1
	연립/다세대 주택	8.6	7.4	11.7	9.2
	기타	1.7	1.8		1.0
주택 소유 여부	자가	86.5	85.9	56.2	68.7
	전세	6.1	6.0	16.3	12.3
	월세(반전세, 사글세 포함)	5.3	5.5	23.0	14.2
	무상주택	2.0	2.6	4.6	4.7
월평균 가구소득	100만 원 이하	28.7	33.1	59.0	57.2
	100~200만 원	33.1	33.8	15.5	14.0
	200~300만 원	15.5	14.4	11.3	10.6
	300~400만 원	10.0	9.0	3.2	6.0
	400~500만 원	5.5	4.2	6.7	4.1
	500~600만 원	2.9	2.3	1.4	2.8
	600~700만 원	1.4	0.8	1.4	2.1
	700만 원 이상	3.0	2.5	1.4	3.1
전체(명)		1,611	1,197	283	1,497

여성노인은 62.1%가 초등학교 졸업 이하, 18.2%가 중학교 졸업 이하, 19.7%가 고등학교 재학 이상의 학력 수준을 갖고 있다. 지역별로 보면, 75% 이상이 도시지역에 살고 있다. 건강상태에 대한 평가를 보면, 남녀 모두 45% 정도가 자신의 건강을 보통으로 응답하였다(남: 46.3%, 여: 45.2%). 그렇지만 자신의 건강상태를 나쁘다고 응답한 남성노인은 17.2%, 여성노인은 25.6%, 매우 나쁘다고 응답한 경우는 남성노인이 3.4%, 여성노인이 4.8%로 여성노인의 건강상태에 대한 평가가 더 낮았다. 분석 대상자의 경제활동상태에 대한 특성을 보면, 남성노인 중 42.5%, 여성노인 중 28.8%가 여전히 경제활동을 하고 있다. 일하는 노인 중 45%를 전후로 하는 정도는 1차 산업에 종사하고 있으며 33% 정도는 노동직에 종사하고 있다.

본 분석에서는 월평균 가구소득과 주택 형태, 주택 소유 여부 등으로 고령집단의 경제적 수준을 조사하였다. 60% 가까이 단독주택에 살고 있으며 30% 정도는 아파트에 거주하고 있다. 주택 소유 여부를 보면, 85% 이상이 자가 상태이다. 월평균 가구소득이 100만 원 미만인 경우가 30% 가까이 되고, 100~200만 원인 경우가 33% 남짓으로 전체의 60% 이상이 월평균 가구소득이 200만 원 미만인 것으로 나타난다.

다음으로 배우자 없이 살고 있는 노인들을 살펴보자. 이들은 대부분 배우자와 사별했다. 일부는 결혼을 한 적이 없거나 이혼을 한 경우이다[1].

---

1) 배우자가 없는 남성노인의 경우는 78.4%가 사별이고, 18.7%가 이혼, 독신자인 경우가 2.8%이다. 배우자가 없는 여성노인의 경우는 전체의 대부분인 95.9%가 사별이고, 이혼이 3.3%, 독신자가 0.8%이다.

먼저 연령분포를 보면, 배우자가 없는 남성노인은 55.5%가 65~74세이며 36.0%가 75~84세이고 85세 이상은 8.5%이다. 배우자가 없이 사는 여성노인은 42.0%가 65~74세, 45.5%는 75~84세이고 85세 이상은 12.4%로 여성노인 중 고연령자가 더 많다. 앞의 배우자가 있는 집단에 비해서 배우자가 없는 집단이 더 고연령이다.

교육수준은 남성노인은 49.1%가 초등학교 졸업 이하, 18.4%가 중학교 졸업 이하, 32.5%가 고등학교 재학 이상의 학력을 갖고 있다. 여성노인은 남성노인에 비해 학력수준이 매우 낮아서 83.0%가 초등학교 졸업 이하의 학력이다. 배우자가 없는 노인집단의 지역 분포를 보면 앞의 배우자가 있는 집단과 약간 차이가 있다. 독거 남녀노인은 대부분 도시지역에 분포하여, 배우자가 없는 남성노인의 경우 90.1%, 여성노인의 경우 88.8%가 도시지역에 살고 있다고 응답하였다.

건강상태에 대해서 보통이라고 응답한 경우는 배우자가 있는 고령집단보다 약간 높아서 남성노인은 50.2%, 여성노인은 45.8%이지만, 나쁨 이상의 부정적 평가에서는 남성노인이 26.9%, 여성노인이 32.9%로 응답하여 배우자가 있는 노인집단에 비해 건강상태에 대한 평가가 나쁜 편이고, 여성노인이 남성노인에 비해 더 나쁘다.

경제활동상태에 있어서는, 남성노인 중 25.5%, 여성노인 중 21.5%는 여전히 경제활동을 하고 있다. 그런데 배우자 있는 고령집단에 비해서 농업 등 1차 산업에서의 종사 비율은 줄고, 단순 노무 종사자의 비율이 높다. 남성노인은 56.9%, 여성노인은 41.3%가 노동직에 종사하고 있다. 경제적 수준을 보면, 남성노인 중 59.0%, 여성노인 중 57.2% 정도가 월수입이 100만 원 미만이고, 100~200만 원 미만인 경우는 10%대이다. 주택의 소유 형태는 배우자 있는 고령집단과 비슷하여 반 이상은 단독주택이고, 아파트는 30% 정도이다. 그런데 주택 소유 비율은 배우자가 있는 고령집단에 비해 많이 떨어진다. 전체 중 자가인 경우는 남성노인이 56.2%, 여성노인이 68.7%이다.

다음으로 65세 이상 고령집단의 주관적 특징을 몇 가지로 살펴본다(〈표 4〉). 먼저 남성은 일, 여성은 가정이라는 성역할 진술에 대해 배우자가 있는 남성노인은 58.2%가 적극 또는 약간 찬성하는 데 비해 여성노인은 45.8%가 적극 또는 약간 찬성한다. 배우자가 없는 남성노인은 61.8%가 48.3%가 남녀 고정적 성역할에 대해서 적극 또는 약간 찬성한다. 두 집단 모두에서 성차가 나타난다.

시간부족을 느끼는 상태는 배우자가 있는 남성노인은 18.3%, 여성노인은 25.1%로 여성노인의 시간압박이 더 큰 것으로 나타난다. 한편 배우자가 없는 남성노인은 9.2%, 여성노인은 11.2%가 시간이 부족하다고 응답하여 배우자가 있는 경우에 비해서 시간압박이 덜한 것으로 나타난다.

65세 이상 고령층의 피곤함에 대해서 응답상태를 보면, 조금 피곤하다고 응답한 경우에서 배우자가 있는 남성노인은 45.9%가 여성노인은 47.5%였다. 매우 피곤하다고 응답한 배우자 있는 남성노인은 17.9%, 여성노인은 그보다 많은 27.1%였다. 배우자가 없는 경우를 보면, 조금 피곤하다고 응답한 남성노인은 42.4%, 여성노인은 41.5%였고, 매우 피곤하다고 응답한 남성노인은 15.5%, 여성노인은 24.7%였다. 전반적으로 남성노인보다 여성노인이 피곤함을 더 많이 느끼는 것으로 나타났고, 배우자가 있는 경

표 4 65세 이상 고령층의 배우자 유무에 따른 주관적 건강

(단위: %)

		배우자가 있는 노인		배우자가 없는 노인	
		남	여	남	여
성역할 인식	적극 찬성	12.0	7.6	14.8	10.0
	약간 찬성	46.2	38.2	47.0	38.3
	약간 반대	35.2	44.5	31.1	41.8
	적극 반대	6.5	9.7	7.1	9.9
시간부족	항상 부족하다	6.7	10.1	3.2	4.8
	보통 부족하다	11.6	15.0	6.0	7.4
	가끔 부족하다	40.3	43.1	39.2	34.6
	항상 여유롭다	41.3	31.8	51.6	53.2
피곤함	매우 피곤하다	17.9	27.1	15.5	24.7
	조금 피곤하다	45.9	47.5	42.4	41.5
	별로 피곤하지 않다	30.1	22.0	32.5	26.1
	전혀 피곤하지 않다	6.1	3.5	9.5	7.6
시간사용만족도	매우 만족스럽다	6.9	5.2	6.0	6.5
	만족스럽다	25.6	25.1	20.1	21.3
	보통이다	57.6	59.2	60.1	61.0
	만족스럽지 않다	8.5	8.9	9.2	9.3
	전혀 만족스럽지 않다	1.4	1.5	4.6	1.9
생활만족도	매우 만족스럽다	5.8	4.7	4.6	4.7
	만족스럽다	22.3	21.8	14.1	18.0
	보통이다	51.5	49.2	45.9	49.4
	만족스럽지 않다	16.6	18.2	23.0	20.8
	전혀 만족스럽지 않다	3.8	6.1	12.4	7.1
계		100.0	100.0	100.0	100.0
전체(명)		1,611	1,197	283	1,497

우가 그렇지 않은 경우에 비해 피곤함을 더 느끼는 것으로 나타났다. 시간사용에 대한 만족도에 있어서는 배우자가 있는 남성노인의 경우 32.5%, 여성노인의 경우 30.3%가 만족스럽다고 응답하였다. 배우자가 없는 남성노인은 26.1%, 여성노인은 27.8%가 만족스럽다고 응답하였다. 배우자가 있는 고령집단이 시간압박을 받지만 시간사용에는 오히려 더 만족한다는 흥미로운 결과가 나타났다.

마지막으로 전반적인 생활만족도를 보면, 반 정도의 고령자들은 자신의 생활에 대해 보통이라고 평가하였다. 배우자가 있는 남성노인은 28.1%가, 여성노인은 26.5%가 만족스럽다고 응답하였다. 배우자가 없는 남성노인은 18.7%가, 여성노인은 22.7%가 만족스럽다고 응답하였다. 배우자가 있는 고령집단에서는 남성이, 배우자가 없는 고령집단에서는 여성이 생활만족도가 더 높게 나타났다. 특히 배우자가 없는 남성노인은 생활만족도에 대해서 전혀 만족스럽지 않다고 응답한 경우가 12.4%였다.

3. FGI 조사

사람들이 가족과 함께 얼마나 시간을 보내고 있는지, 얼마나 행복하다고 느끼고 있는지 주관적인 측면은 생활시간 조사 자료를 통한 분석만으로는 충분한 결과를 알 수 없다. 이에, 한국인들이 생각하는 행복과 삶의 질에 대해 FGI(focus group interview)를 실시하였다. FGI의 목적은 다양한 계층을 고려한 심층 인터뷰를 통해 여가와 행복, 삶의 질에 대한 한국인들의 인식을 살펴보는 데 있다. 심층 인터뷰는 성별, 연령, 직업 등을 고려하여 총 36명을 대상으로 실시하였다. 참여자들을 대상으로 일과 직업, 여가시간, 행복과 삶의 질에 대해 질문하였다. 구체적으로 부부가 함께 보내는 여가시간 및 식사시간 등 가족시간에 대한 의미를 질문하였다. 그리고 부모와 자녀가 함께 보내는 시간 등 다양한 시간활동이 개인들의 행복과 삶에 대한 만족도에 어떻게 영향을 미치고 있는지 조사하였다. 조사 기간은 2017년 2월 20일부터 3월 6일까지 진행되었다. 각 장에서는 심층 인터뷰 내용을 생활시간 조사 자료 분석 결과에 이어 제시하여 양적 자료가 보여줄 수 없는 측면을 보완할 수 있도록 하였다.

Ⅳ. 부부가 함께 보내는 시간

Ⅳ. 부부가 함께 보내는 시간

1. 배우자와 보내는 시간

이제 본격적으로 가족들이 같이 보내는 시간량에 대해 알아본다. 먼저 〈표 5〉는 하루 동안 10세 이하 자녀를 둔 부부가 식사를 하는 시간이다. 10세 이하 자녀를 둔 부부는 하루 약 2시간 정도를 식사에 사용하는 것으로 나타났다. 구체적으로 살펴보면 여성과 남성은 하루 동안 식사를 하는데 각각 118.2분과 123.9분을 사용한다. 이와 같은 5분 정도의 차이는 수치적 차이는 그리 크지 않지만 통계적으로 차이가 난다($t=4.06$, $p<.01$). 어린 자녀를 둔 부부들은 혼자서 식사를 하는 시간보다 부부가 같이 식사를 하는 시간이 더 길다. 부인과 남편은 각각 하루에 20.1분과 22.5분을 혼자서 그리고 50.2분과 52.2분을 배우자와 함께 식사를 한다고 응답하였다.

어린 자녀를 둔 부부의 식사시간이 요일에 따라 어떻게 달라지는지 알아보자. 부부는 주중에 비해 주말에 더 오래 식사를 한다. 부인의 토요일

표 5 10세 이하 자녀를 둔 부부가 식사를 하는 시간

(단위: 분)

	여성	남성
총 식사시간	118.2	123.9
혼자	20.1	22.5
배우자와 함께	50.3	52.2

표6 10세 이하 자녀를 둔 부부의 요일별 식사시간

(단위: 분)

요일	범주	여성	남성
월요일	총 시간	107.0	118.6
	혼자	25.1	29.0
	배우자와 함께	33.1	33.5
화요일	총 시간	109.6	121.0
	혼자	27.0	26.3
	배우자와 함께	34.3	32.6
수요일	총 시간	116.1	114.7
	혼자	24.6	25.0
	배우자와 함께	32.0	30.8
목요일	총 시간	109.8	112.2
	혼자	24.1	25.4
	배우자와 함께	28.8	30.1
금요일	총 시간	114.7	118.6
	혼자	25.0	25.3
	배우자와 함께	32.3	30.3
토요일	총 시간	126.8	134.2
	혼자	13.2	18.8
	배우자와 함께	68.3	76.1
일요일	총 시간	129.2	133.7
	혼자	11.3	15.7
	배우자와 함께	90.1	91.9

그림 1 10세 미만 자녀를 둔 부부가 요일별로 식사에 사용한 총 시간

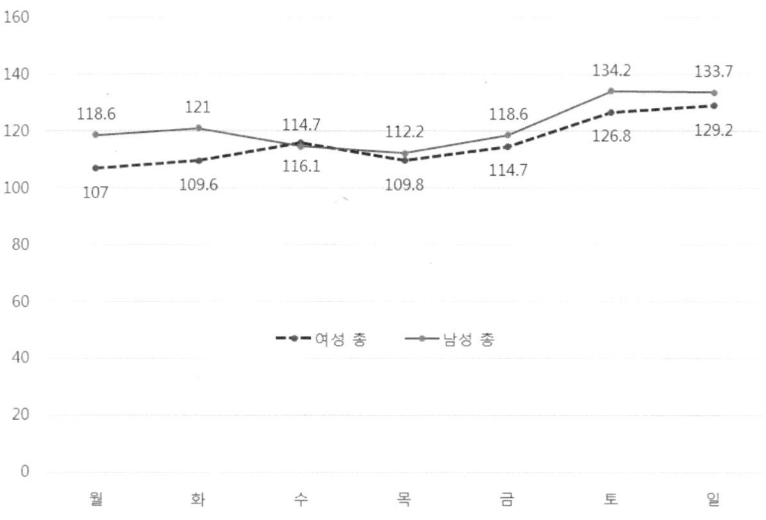

과 일요일 식사시간은 2시간을 넘는 데 비해 월요일부터 금요일까지는 2시간이 되지 않는다. 남편의 토요일과 일요일 식사시간은 130분을 넘지만, 화요일을 제외한 주중 동안에는 120분을 넘지 않는다. 혼자 먹는 시간 역시 주말 또는 주중에 따라 확연히 다른 모습을 보여주고 있다. 부인과 남편 모두 혼자 먹는 시간은 주중은 항상 평균 20분을 넘는 데 비해 주말은 20분을 넘지 않는다. 배우자와 같이 먹는 시간은 주중 또는 주말 여부에 따른 차이가 더욱 뚜렷하다. 토요일에는 1시간 이상을 그리고 일요일에는 1시간 30분 이상을 배우자와 같이 식사를 하는데 사용하고 있다. 물론 토요일과 일요일은 배우자와만 같이 식사를 하는 것이 아니라 자녀 등 다른 가족과 같이 식사를 하는 경우를 모두 포함하고 있을 것이다.

그림 2 10세 미만 자녀를 둔 여성이 요일별로 식사에 사용한 시간

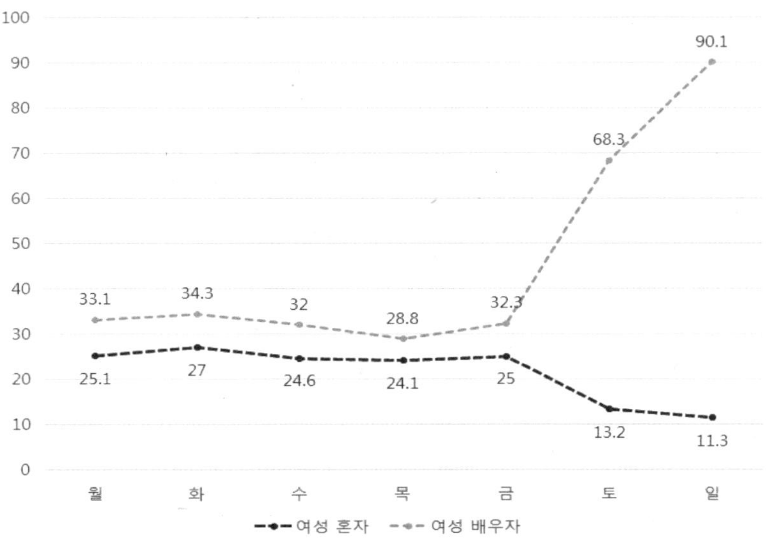

그림 3 10세 미만 자녀를 둔 남성이 요일별로 식사에 사용한 시간

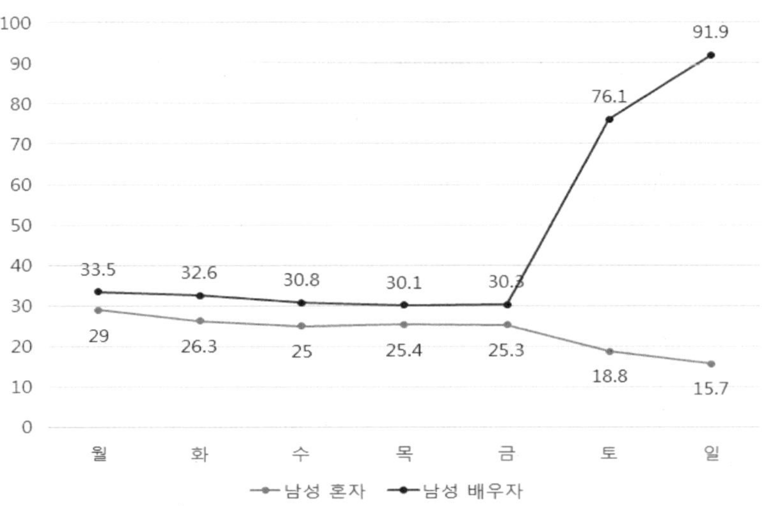

다음은 혼자 또는 배우자와 함께 식사를 하는 시간의 양이 취업여부와 10세 미만 자녀의 수에 따라 달라지는지 알아본다. 〈표 7〉은 식사시간이 취업과 자녀에 따라 차이가 있는지를 보여주고 있다.

부인의 경우 전체적인 식사시간은 취업여부에 따라 별다른 차이가 없다. 그러나 혼자서 그리고 배우자와 먹는 시간은 차이가 발견된다. 먼저 혼자 먹는 시간은 전업주부는 23.3분인 데 비해 취업주부는 15.6분으로 전업주부가 길다. 배우자와 먹는 시간도 전업주부는 52.5분이나, 취업주부는 47.2분으로 전업주부가 배우자와 먹는 시간이 더 길다. 어린 자녀의 수에 따라 총 식사시간이나 혼자서 혹은 배우자와 먹는 시간은 큰 차이가

표 7 10세 미만 자녀를 둔 부부의 취업여부와 자녀 수에 따른 식사시간

(단위: 분)

		범주	여성	남성
취업여부	미취업	총 시간	120.0	127.5
		혼자	23.3	26.4
		배우자와 함께	52.5	72.0
	취업	총 시간	115.8	123.8
		혼자	15.6	22.4
		배우자와 함께	47.2	51.6
10세 미만 자녀 수	1명	총 시간	117.5	123.5
		혼자	20.5	22.1
		배우자와 함께	51.0	52.4
	2명	총 시간	119.1	124.4
		혼자	19.5	23.0
		배우자와 함께	49.4	52.0

발견되지 않는다. 남편의 경우, 전체적인 시간은 취업여부에 따라 큰 차이는 나지 않는다. 다만 혼자 먹는 시간은 크게 차이가 없으나 취업하지 않은 남성이(72분) 취업한 남성(51.6분)보다 배우자와 함께 밥을 먹는 시간이 훨씬 더 길다. 10세 미만의 자녀 수에 따라 남편의 총 식사시간이나 혼자서 혹은 배우자와 함께 먹는 시간의 차이가 크지 않다.

그림 4 10세 미만 자녀를 둔 부부의 취업여부에 따른 식사시간

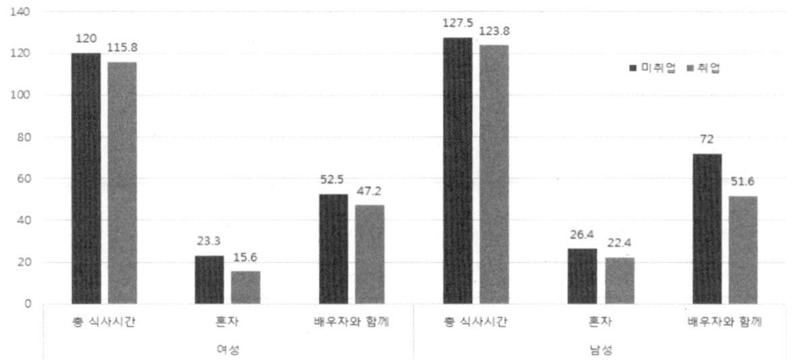

140
120
100
80
60
40
20
0
■ 미취업 ■ 취업
120
115.8
23.3
15.6
52.5
47.2
127.5
123.8
26.4
22.4
72
51.6
총 식사시간
혼자
배우자와 함께
총 식사시간
혼자
배우자와 함께
여성
남성

그림 5 10세 미만 자녀를 둔 부부의 자녀 수에 따른 식사시간

140
120
100
80
60
40
20
0
■ 1명 ■ 2명
117.5
119.1
20.5
19.5
51
49.4
123.5
124.4
22.1
23
52.4
52
총 식사시간
혼자
배우자와 함께
총 식사시간
혼자
배우자와 함께
여성
남성

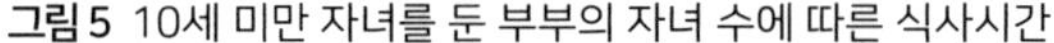

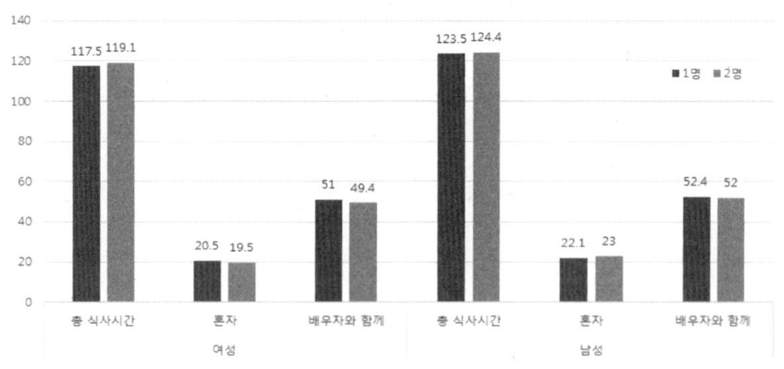

표 8 10세 미만 자녀를 둔 부부가 사회화에 사용한 시간

(단위: 분)

	여성	남성
총 사회화시간	41.1	33.3
혼자	11.0	8.2
배우자와 함께	9.6	10.0

표 9 10세 미만 자녀를 둔 부부의 요일별 사회화시간

(단위: 분)

요일	범주	여성	남성
월요일	총 시간	37.5	26.3
	혼자	13.7	8.0
	배우자와 함께	5.6	4.3
화요일	총 시간	38.8	26.3
	혼자	12.5	8.7
	배우자와 함께	6.9	6.4
수요일	총 시간	41.8	32.4
	혼자	12.7	9.6
	배우자와 함께	4.0	6.4
목요일	총 시간	40.5	26.4
	혼자	13.1	9.0
	배우자와 함께	5.2	3.8
금요일	총 시간	44.5	33.2
	혼자	13.8	0.8
	배우자와 함께	6.3	6.2
토요일	총 시간	42.5	41.7
	혼자	7.9	6.8
	배우자와 함께	14.4	18.4
일요일	총 시간	38.9	35.7
	혼자	6.9	6.8
	배우자와 함께	17.1	15.2

다음은 부부가 사회화에 사용한 시간을 살펴보자. 여성은 총 41.1분을, 남성은 총 33.3분을 사용하여, 여성이 남성보다 더 많은 시간을 사용하고 있음을 알 수 있다. 남성과 여성은 혼자 그리고 배우자와 함께 사회화에 보내는 시간사용에도 차이를 보여주는데, 여성은 배우자와 함께보다는 배우자 없이 혼자 사회화에 보내는 시간이 더 많으며, 남성은 혼자보다 배우자와 함께 사회화에 보내는 시간이 더 많다. 즉, 남성은 배우자가 있을 때 사회화에 보내는 시간이 더 많다는 것을 의미한다.

사회화에 부부가 사용하는 시간을 보면 요일별로 조금 차이를 보인다. 여성은 주중보다 주말 토요일, 주중에는 목요일에 사회화에 보내는 시간이 더 많다. 남성 역시 주중보다 주말 특히 토요일에 가장 많은 시간을 사회화에 사용하나 여성과 달리 주중에는 수요일에 가장 많은 시간을 할애한다.

요일별로 부부가 사회화에 이용한 시간을 〈그림 6〉에서 보자. 배우자 없이 사회화에 사용한 시간도 남녀가 요일별로 차이를 보인다. 여성의 경우 월요일과 일요일에는 사회화에 사용한 시간이 매우 적으며, 화요일과 토요일에 배우자 없이 사회화에 상대적으로 더 많은 시간을 사용한다. 남성의 경우 주중보다 주말에 사회화에 사용하는 시간이 주중보다 훨씬 적으며, 주중에는 금요일에 사회화에 사용하는 시간이 많다. 배우자와 함께 사회화에 보낸 시간의 경우, 여성은 월요일과 일요일에 많은 시간을 사용했으며, 남성은 토요일과 일요일에 많은 시간을 사용하였다.

사회화에 사용하는 시간은 취업여부와 10세 미만 자녀 수에 따라 달라진다. 취업여부에 따라 살펴보면 여성의 경우, 전업주부인 경우 사회화의 시간이 총 44.5분인 데 반해 취업주부인 경우 36.4분으로 사회화의 시간

그림 6 10세 미만 자녀를 둔 부부가 요일별로 사회화에 사용한 총 시간

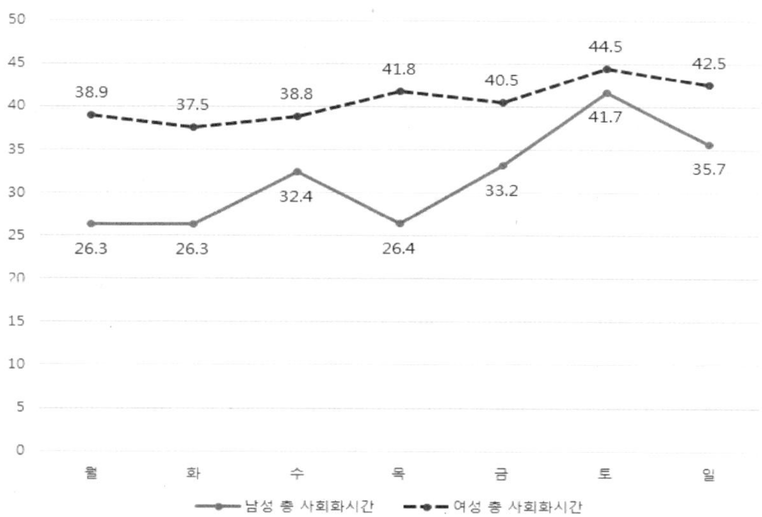

그림 7 10세 미만 자녀를 둔 부부가 혼자 사회화에 사용한 요일별 시간

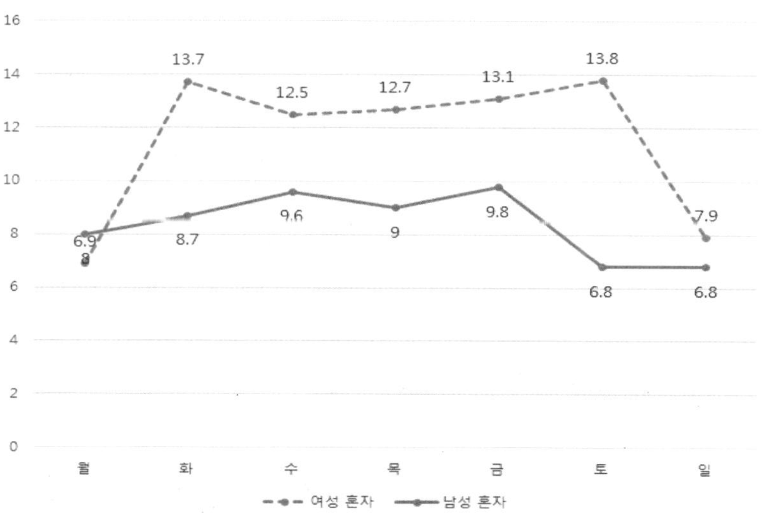

그림 8 10세 미만 자녀를 둔 부부가 함께 사회화에 사용한 요일별 시간

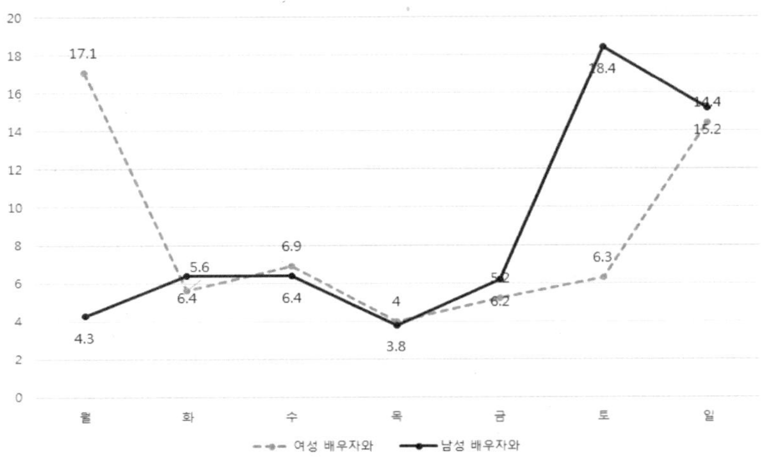

표 10 10세 미만 자녀를 둔 부부가 취업여부와 자녀 수에 따라 사회화에 사용한 시간

(단위: 분)

		범주	여성	남성
취업여부	미취업	총 시간	44.5	50.0
		혼자	11.8	12.4
		배우자와 함께	9.9	7.8
	취업	총 시간	36.4	32.8
		혼자	9.9	8.1
		배우자와 함께	9.2	10.1
10세 미만 자녀 수	1명	총 시간	42.5	33.4
		혼자	11.1	8.5
		배우자와 함께	10.4	10.1
	2명	총 시간	39.3	33.2
		혼자	10.8	7.8
		배우자와 함께	8.6	9.9

그림 9 10세 미만 자녀를 둔 부부가 취업여부에 따른 사회화에 사용한 시간

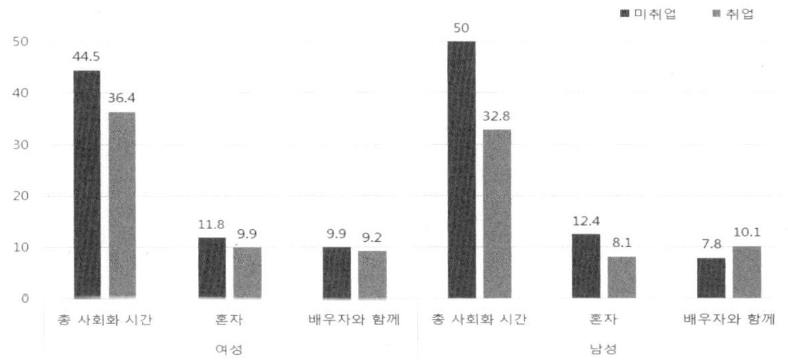

그림 10 10세 미만 자녀를 둔 부부가 10세 미만 자녀 수에 따라 사회화에 사용한 시간

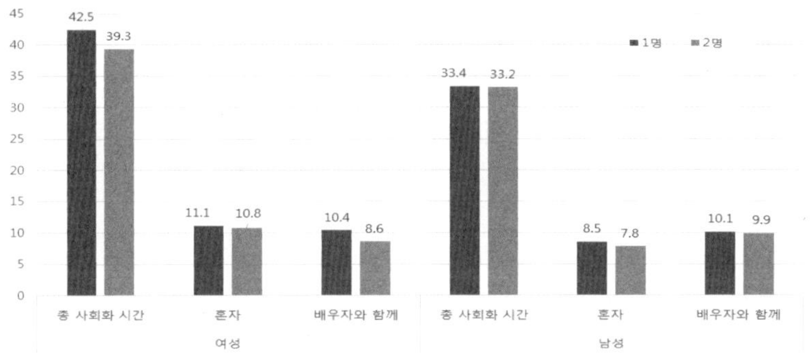

이 줄어든다. 반면 혼자나 배우자와 함께 사회화에 사용하는 시간은 취업 여부에 따라 크게 달라지지 않는다. 남성 역시 미취업과 취업한 경우 사회화에 사용한 시간이 각각 50분과 32분으로, 직장을 다니지 않는 남성이 사회화에 사용한 시간이 훨씬 많다. 미취업의 경우는 혼자 사회화에 사용하는 시간이 많으나 배우자와 함께 사회화하는 시간은 취업한 경우가 더 많아서 여성과 차이가 있다.

자녀 수에 따라 사회화에 사용한 시간을 보면, 여성은 자녀 수가 1명에서 2명이 됨에 따라 사회화에 사용한 시간이 감소하나, 남성은 거의 차이가 없다. 이는 배우자 없이 혹은 배우자와 함께 사회화에 사용한 시간에서도 마찬가지로 여성은 자녀 수가 증가함에 따라 사회화시간이 감소하나 남성의 거의 차이가 없다.

다음은 미디어에 사용한 시간을 알아본다. 남성은 114.3분을 여성은 98.3분을 미디어에 사용하는 것으로 나타나 남성이 여성에 비해 더 많은 시간을 사용함을 알 수 있다. 미디어에 사용하는 총 시간뿐 아니라 혼자 혹은 배우자와 함께하는 시간 모두 남성이 여성보다 더 많다.

부부가 미디어에 사용한 시간을 요일별로 보면 남성은 여성보다 주말에는 사용시간이 많으나 주중에는 여성보다 사용시간이 적다. 여성과 남성 모두 주말에 미디어 사용시간이 긴데, 여성은 토요일 10.5분, 일요일 11.6분으로 주중보다 주말에 더 많은 시간을 사용하며 주중에는 월요일 9.6분, 금요일 9.4분으로 다른 요일보다 많다. 남성 역시 토요일 13.3분, 일요일 17.9분으로 주중보다 미디어 사용시간이 많으며, 주중은 요일별로 큰 차이가 없으나 목요일과 금요일이 조금 더 높은 편이다.

표 11 10세 미만 자녀를 둔 부부가 미디어에 사용한 시간

(단위: 분)

	여성	남성
총 시간	98.3	114.3
혼자	57.6	72.1
배우자와 함께	26.6	32.3

표 12 10세 미만 자녀를 둔 부부가 미디어에 요일별로 사용한 시간

(단위: 분)

요일	범주	여성	남성
월요일	총 시간	95.8	83.8
	혼자	67.6	57
	배우자와 함께	18	20.8
화요일	총 시간	85.9	84.9
	혼자	58.5	59.3
	배우자와 함께	19.5	21.8
수요일	총 시간	85.8	82.6
	혼자	58.3	59.2
	배우자와 함께	15.8	20.9
목요일	총 시간	89.7	89.6
	혼자	61.9	63.1
	배우자와 함께	16.7	21.7
금요일	총 시간	94.2	89.7
	혼자	64.5	62.1
	배우자와 함께	18.3	23.3
토요일	총 시간	104.6	133.1
	혼자	51	77.2
	배우자와 함께	33.8	42.3
일요일	총 시간	116.3	178.8
	혼자	49	101.7
	배우자와 함께	47.8	53.5

요일별로 미디어를 사용하는 시간을 함께한 사람 기준으로 살펴보자. 여성의 경우 혼자 미디어를 사용하는 시간은 월요일에 가장 많으며(67.6분), 주말에는 감소하여 일요일에 가장 적다(49분). 반대로 배우자와 함께 미디어를 사용하는 시간은 월요일에 가장 적고(18분), 일요일에 가장 많다(47.8분). 여성은 혼자 미디어를 사용하는 시간이 배우자와 함께 사용하는 시간보다 훨씬 많은데, 주말이 되면 그 차이가 현저하게 줄어든다.

남성의 경우 여성과 미디어를 사용하는 시간이 매우 다르게 나타난다. 혼자 미디어를 사용하는 시간이 배우자와 함께 사용하는 시간보다 훨씬 많다는 점은 여성과 비슷하다고 할 수 있으나, 그 차이는 주말에도 크게 나지 않는다. 요일별 차이를 보면 주중에는 큰 차이 없이 미디어를 사용하는 시간이 별로 없으나, 주말이 되면 급격히게 증가하여 일요일에 최장 시간을 보인다(혼자 미디어를 사용한 시간 101.7분, 배우자와 함께 미디어를 사용한 시간 53.5분).

그림 11 10세 미만 자녀를 둔 부부가 요일별로 미디어에 사용한 시간

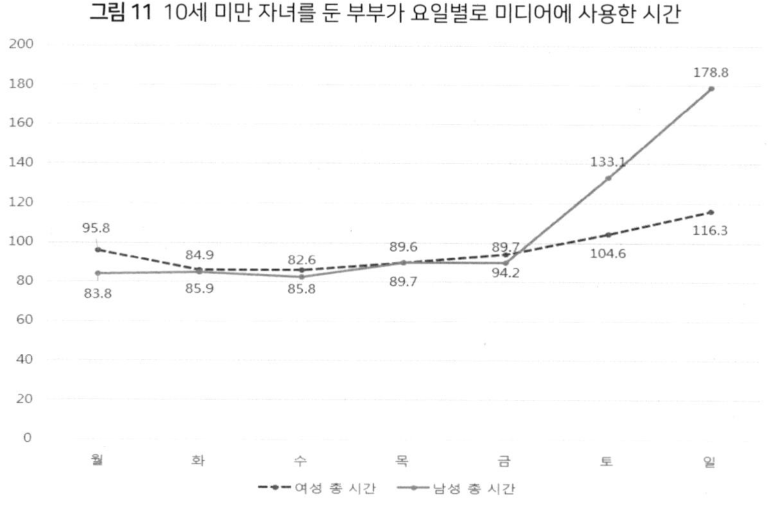

그림 12 10세 미만 자녀를 둔 여성이 요일별로 미디어에 사용한 시간

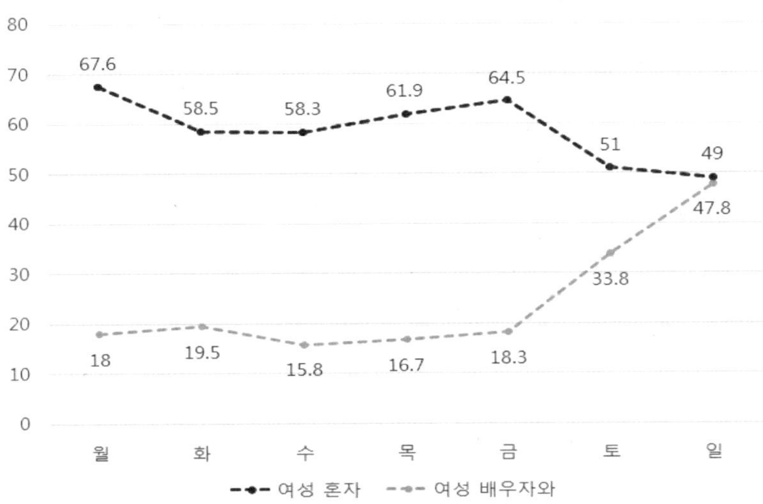

그림 13 10세 미만 자녀를 둔 남성이 요일별로 미디어에 사용한 시간

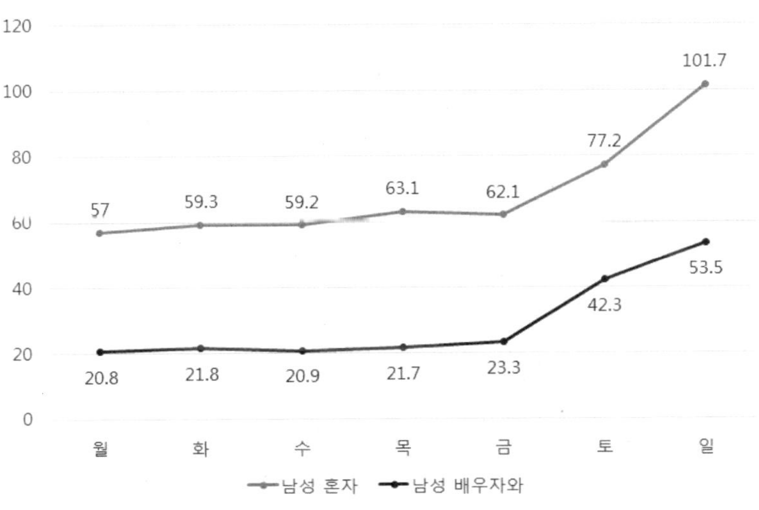

취업여부와 자녀 수에 따라 부부가 미디어에 사용한 시간 역시 달라진다. 여성의 경우 전업주부와 취업주부가 각각 113.8분과 77.1분으로 전업주부가 취업주부보다 더 많은 시간을 미디어에 사용한다. 이는 혼자 혹은 배우자와 함께 미디어에 사용한 시간에서도 같은 경향을 보인다. 남성도 마찬가지로 취업을 하지 않은 경우가 취업한 경우보다 미디어에 더 많은 시간을 사용하며, 이는 혼자 혹은 배우자와 함께 미디어를 사용한 시간에도 그대로 적용된다. 다만, 남성이 여성에 비해 월등하게 많은 시간을 미디어에 사용한다는 점이 주목할 만하다.

부부가 10세 미만 자녀 수에 따라 미디어를 사용한 시간을 보면 남성이 여성에 비해 더 많은 시간을 사용하며, 혼자 혹은 배우자와 함께 미디

표 13 10세 미만 자녀를 둔 부부가 취업여부와 자녀 수에 따른 미디어에 사용한 시간

(단위: 분)

		범주	여성	남성
취업여부	미취업	미디어에 사용한 총 시간	113.8	238.1
		혼자	69.4	167.8
		배우자와 함께	28.2	48.6
	취업	미디어에 사용한 총 시간	77.1	110.5
		혼자	41.5	69.1
		배우자와 함께	24.3	31.8
10세 미만 자녀 수	1명	미디어에 사용한 총 시간	102.6	117.8
		혼자	61.8	75.1
		배우자와 함께	26.7	31.7
	2명	미디어에 사용한 총 시간	93.1	110.1
		혼자	52.5	68.4
		배우자와 함께	26.4	33.0

어에 사용한 시간 역시 비슷한 경향을 보인다. 즉, 자녀 수가 1명에서 2명으로 늘어나면 미디어에 사용한 총 시간, 혼자 사용한 시간 모두 줄어든다. 다만, 배우자와 함께 미디어를 사용한 시간은 남성과 여성 모두 자녀 수에 따라 크게 달라지지 않는다.

그림 14 취업여부에 따라 10세 미만 자녀를 둔 부부가 미디어에 사용한 시간

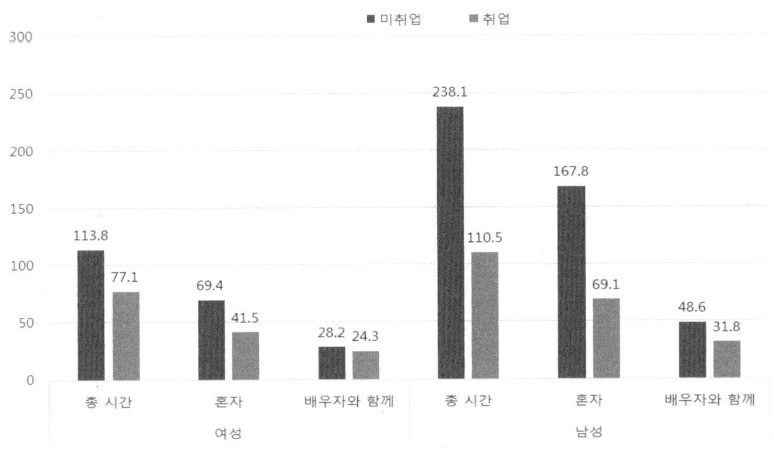

그림 15 10세 미만 자녀 수에 따라 부부가 미디어에 사용한 시간

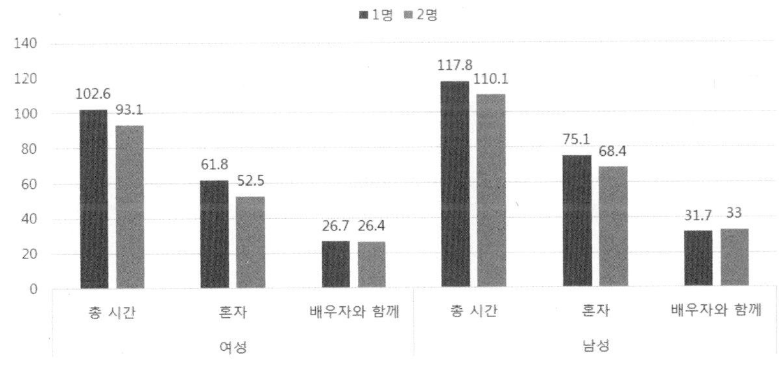

종교에 사용한 부부의 시간을 살펴보면 여성이 남성보다 총 시간, 혼자 사용한 시간, 배우자와 함께 사용한 시간이 더 많다.

이를 요일별로 살펴보면, 여성이 모든 요일에서 남성보다 종교에 사용한 시간이 더 많다. 남성과 여성 모두 일요일에 종교에 사용한 시간이 가장 많고, 그 다음으로 토요일에 많은 시간을 쓰고 있으며, 주중은 요일별로 큰 차이를 보이지 않는다.

다음은 취업여부와 자녀 수에 따라 종교에 사용한 시간의 차이를 살펴본다. 여성의 경우 전업주부가 취업주부에 비해 종교에 사용한 총 시간이 더 적다. 그러나 혼자 혹은 배우자와 함께 종교에 사용한 시간은 취업 여부에 따라 달라지지 않는다. 대부분의 활동이 취업주부가 전업주부에 비해 적은 시간을 사용하나, 종교활동시간은 취업주부가 더 많이 사용한다는 것이 특이하다. 남성의 경우 미취업일 때가 취업한 경우보다 종교에 사용한 총 시간, 혼자 혹은 배우자와 함께한 시간 모두 더 많다.

자녀 수에 따른 종교에 사용한 시간도 다른 활동과 조금 다른 경향을 보인다. 여성의 경우 자녀 수가 늘어나면 종교에 사용한 총 시간이 줄어든다. 그러나 혼자 혹은 배우자와 함께 종교에 사용한 시간은 자녀 수에

표 14 10세 미만 자녀를 둔 부부가 종교에 사용한 시간

(단위: 분)

	여성	남성
총 시간	8.6	5.2
혼자	3.3	2.2
배우자와 함께	2.3	1.6

표 15 10세 미만 자녀를 둔 부부가 요일별로 종교에 사용한 시간

(단위: 분)

요일	범주	여성	남성
월요일	총 시간	0.9	1.9
	혼자	0.9	0.7
	배우자와 함께	0.0	0.0
화요일	총 시간	1.8	0.2
	혼자	0.7	0.0
	배우자와 함께	0.0	0.0
수요일	총 시간	4.0	2.9
	혼자	1.8	1.1
	배우자와 함께	1.4	1.5
목요일	총 시간	1.5	1.2
	혼자	1.2	0.7
	배우자와 함께	0.0	0.0
금요일	총 시간	5.1	2.0
	혼자	2.6	0.8
	배우자와 함께	0.9	0.6
토요일	총 시간	7.2	6.3
	혼자	3.4	3.6
	배우자와 함께	1.3	1.0
일요일	총 시간	28.6	14.3
	혼자	9.1	5.6
	배우자와 함께	9.5	5.3

따라 달라지지 않는다. 남성의 경우 자녀 수가 늘어나면 종교에 사용한 시간이 도리어 늘어난다. 혼자 사용한 시간도 자녀 수가 늘어나면 더 늘어나는데, 배우자와 함께한 시간은 크게 차이가 없다. 사용한 시간 자체가 너무 적어서 나타나는 현상일 수 있으나, 다른 시간사용과 차이가 있음은 분명하다.

표 16 취업여부와 10세 미만 자녀 수에 따라 부부가 종교에 사용한 시간

(단위: 분)

		범주	여성	남성
취업여부	미취업	총 시간	7.5	11.4
		혼자	3.2	8.3
		배우자와 함께	2.4	2.0
	취업	총 시간	10.1	5.0
		혼자	3.6	2.1
		배우자와 함께	2.3	1.6
10세 미만 자녀 수	1명	총 시간	9.5	4.1
		혼자	3.4	1.5
		배우자와 힘께	2.2	1.4
	2명	총 시간	7.4	6.4
		혼자	3.2	3.1
		배우자와 함께	2.5	1.8

표 17 10세 미만 자녀를 둔 부부가 문화생활에 사용한 시간

(단위: 분)

	여성	남성
총 시간	6.0	5.0
혼자	0.3	0.1
배우자와 함께	4.4	4.0

다음은 부부의 문화생활을 살펴본다. 여성이 남성보다 조금 더 많은 시간을 문화생활에 보내고 있으나, 큰 차이는 없다. 이를 요일별로 살펴보면 여성과 남성 모두 주중보다 주말에 더 많은 문화생활을 하고 있음을 알 수 있다. 남성의 경우 월요일, 화요일, 목요일에 문화생활에 사용하는 시간이 전혀 없음이 특이하다. 여성의 경우도 목요일에는 문화생활에 사용한 시간이 없다. 총 시간, 혼자 혹은 배우자와 사용한 시간 모두 다른 활동에 비해 매우 적다. 여성과 남성 모두 혼자보다 배우자와 함께 문화생활에 사용한 시간이 더 많다.

취업여부와 자녀 수에 따라 부부가 문화생활에 사용한 시간 역시 약간의 차이는 있으나 문화생활에 사용하는 시간 자체가 너무 적어 큰 차이를 보이지 않는다. 여성의 경우 전업주부가 취업주부보다 문화생활에 사용하는 시간은 약간 더 많으며 혼자 혹은 배우자와 함께 사용하는 시간 역시 전업주부가 약간 더 많다. 남성의 경우 미취업한 경우가 취업한 경우보다 문화생활에 사용하는 시간이 더 많으며, 혼자 사용한 시간도 더 많다. 다만 배우자와 함께 문화생활에 사용한 시간은 취업한 남성이 더 많다.

부부가 스포츠에 사용한 시간 역시 매우 적다. 놀랍게도 여성이 남성보다 조금 더 많이 사용하고 있으며, 혼자보다 배우자와 함께 사용하는 시간이 더 많고, 모든 항목에서 여성이 더 많은 시간을 사용한다.

스포츠에 사용한 시간 자체가 매우 적어 요일별로 스포츠에 사용한 시간 역시 미미하다. 남성과 여성 모두 주중에 사용한 시간보다 주말에 사용한 시간이 더 많으며, 전반적으로 혼자 사용한 시간보다 배우자와 함께 사용한 시간이 더 많다는 점에서 문화활동과 비슷하다. 남성의 경우, 월

표 18 10세 미만 자녀를 둔 부부가 요일별로 문화생활에 사용한 시간

(단위: 분)

요일	범주	여성	남성
월요일	총 시간	0.8	0.0
	혼자	0.8	0.0
	배우자와 함께	0.0	0.0
화요일	총 시간	1.1	0.0
	혼자	0.1	0.0
	배우자와 함께	1.0	0.0
수요일	총 시간	1.5	0.8
	혼자	0.0	0.4
	배우자와 함께	0.6	0.0
목요일	총 시간	0.0	0.0
	혼자	0.0	0.0
	배우자와 함께	0.0	0.0
금요일	총 시간	2.9	1.8
	혼자	0.4	0.0
	배우자와 함께	1.6	0.9
토요일	총 시간	12.9	9.9
	혼자	0.6	0.2
	배우자와 함께	9.4	9.3
일요일	총 시간	13.2	13.0
	혼자	0.0	0.4
	배우자와 함께	10.5	9.8

표 19 10세 미만 자녀를 둔 부부가 취업여부와 자녀 수에 따라 문화생활에 사용한 시간

(단위: 분)

		범주	여성	남성
취업여부	미취업	총 시간	6.3	11.2
		혼자	0.4	1.5
		배우자와 함께	4.4	3.1
	취업	총 시간	5.6	4.8
		혼자	0.1	0.1
		배우자와 함께	4.3	4.0
10세 미만 자녀 수	1명	총 시간	5.5	4.7
		혼자	0.4	0.0
		배우자와 함께	4.1	4.1
	2명	총 시간	6.6	5.4
		혼자	0.2	0.3
		배우자와 함께	4.7	3.8

표 20 10세 미만 자녀를 둔 부부가 스포츠에 사용한 시간

(단위: 분)

	여성	남성
총 시간	6.0	5.0
혼자	0.3	0.1
배우자와 함께	4.4	4.0

요일, 화요일, 목요일에는 스포츠에 사용한 시간이 전혀 없다. 여성 역시 목요일에는 사용한 시간이 전혀 없다.

취업여부에 따른 스포츠활동시간의 차이를 보면 여성의 경우 전업주

표 21 10세 미만 자녀를 둔 부부가 요일별로 스포츠에 사용한 시간

(단위: 분)

요일	범주	여성	남성
월요일	총 시간	0.8	0.0
	혼자	0.8	0.0
	배우자와 함께	0.0	0.0
화요일	총 시간	1.1	0.0
	혼자	0.1	0.0
	배우자와 함께	1.0	0.0
수요일	총 시간	1.5	0.8
	혼자	0.0	0.4
	배우자와 함께	0.6	0.0
목요일	총 시간	0.0	0.0
	혼자	0.0	0.0
	배우자와 함께	0.0	0.0
금요일	총 시간	2.9	1.8
	혼자	0.4	0.0
	배우자와 함께	1.6	0.9
토요일	총 시간	12.9	9.9
	혼자	0.6	0.2
	배우자와 함께	9.4	9.3
일요일	총 시간	13.2	13.0
	혼자	0.0	0.4
	배우자와 함께	10.5	9.8

표 22 취업여부와 자녀 수에 따라 10세 미만 자녀를 둔 부부가 스포츠에 사용한 시간

(단위: 분)

		범주	여성	남성
취업여부	미취업	총 시간	6.3	11.2
		혼자	0.4	1.5
		배우자와 함께	4.4	3.1
	취업	총 시간	5.6	4.8
		혼자	0.1	0.1
		배우자와 함께	4.3	4.0
10세 미만 자녀 수	1명	총 시간	5.5	4.7
		혼자	0.4	0.0
		배우자와 함께	4.1	4.1
	2명	총 시간	6.6	5.4
		혼자	0.2	0.3
		배우자와 함께	4.7	3.8

부가 취업주부보다 조금 더 많은 시간을 사용하나, 그 시간 자체가 매우 적으며 차이도 거의 없다. 이는 총 시간, 혼자 혹은 배우자와 함께 사용하는 시간 모두 마찬가지이다. 남성의 경우는 조금 다른데, 미취업남성이 취업남성에 비해 훨씬 더 많은 시간을 스포츠에 사용하고 있으며, 배우자와 함께하는 시간은 취업남성이 미취업남성보다 더 많다.

자녀 수에 따른 차이를 보면 여성과 남성 모두 자녀가 늘어나면 스포츠에 사용하는 시간이 늘어난다. 여성의 경우 혼자 스포츠에 사용하는 시간은 거의 없으며, 자녀 수가 늘어나면 배우자와 함께 스포츠에 보내는 시간이 더 많아진다. 이는 자녀들과 스포츠활동을 하기 때문으로 추측

할 수 있다. 남성은 혼자 하는 경우가 거의 없으며, 자녀 수가 늘어나면 배우자와 함께 스포츠에 사용하는 시간이 소폭 감소하여 여성과 차이를 보인다.

2. 삶의 질에 미치는 영향

이제 각 활동에 사용하는 시간과 삶의 질의 관계를 알아본다. 평소에 시간이 부족하다고 느끼는 정도에 대해 식사, 사회화, 미디어, 종교활동, 문화활동, 스포츠활동 등 6개의 활동에 사용한 시간을 독립변수로 하여 회귀분석을 하고 다양한 사회경제적 변수들을 통제하였다. 〈표 23〉은 각 행동에 투여한 시간의 영향만을 보여주고 있다.

여성들은 혼자 식사하는 시간이 많을수록 시간이 부족하다고 느끼는 것으로 나타났다. 혼자 미디어에 보낸 시간이 많을수록 여유가 있다고 느끼나, 문화활동이나 스포츠활동은 배우자와 함께 할수록 시간에 여유가 있다고 느낀다.

남성들은 배우자와 함께 식사하는 시간이 많으면 시간 여유를 느낀다. 미디어를 사용하는 시간은 혼자 혹은 배우자와 함께하는 시간이 많을수록 시간 여유를 느끼는 것으로 나타났다. 그 외의 활동들은 혼자 혹은 배우자와 함께 하는 것이 시간 여유를 느끼는 것에 유의미한 영향을 보이지 않는다.

여성의 경우 혼자 하는 활동이 여유를 느끼는 것과 관련이 있는 반면, 남성은 배우자와 함께하는 시간이 여유를 느끼는 것과 관련이 있음을 알 수 있다. 남성과 여성 모두 미디어를 혼자 사용하는 시간이 여유가 있다고 느끼는 것과 유의미한 연관성을 보인다.

삶의 질을 나타내는 또 다른 지표로 피곤함을 느끼는 정도를 이용해본다. 부부가 하루 일과에 피곤을 느끼는 정도에 대해 식사, 사회화, 미디어, 종교활동, 문화활동, 스포츠활동 등 6개의 활동이 어떤 영향을 미치는지 살펴보자. 이를 위해 앞에서와 마찬가지로 피곤함을 느끼는 정도를 종속변수로 그리고 각 활동에 배우자 없이 그리고 배우자와 함께 보내는 시간을 독립변수로 하여 회귀분석을 실시하였다. 모든 분석에서는 적절한 사

표 23 10세 미만 자녀를 둔 부부가 시간부족을 느끼는 정도에 대한 회귀분석

		여 성	남 성
		회귀계수	회귀계수
식사에 사용하는 시간	혼자	−0.013***	−0.007
	배우자와 함께	0.003	0.008***
사회화에 사용하는 시간	혼자	0.005	0.005
	배우자와 함께	0.007	0.003
미디어에 사용하는 시간	혼자	0.012***	0.009***
	배우자와 함께	0.007	0.005*
종교활동에 사용하는 시간	혼지	0.004	0.007
	배우자와 함께	−0.001	−0.005
문화활동에 사용하는 시간	혼자	0.020	−0.010
	배우자와 함께	0.010*	0.005
스포츠활동에 사용하는 시간	혼자	0.020	−0.010
	배우자와 함께	0.010*	0.005

주: *p〈 .05, **p〈 .01, ***p〈 .001

회경제적 변수들을 통제하였다. 결과를 보면 시간부족을 느끼는 정도와 마찬가지로 여성과 남성이 다르게 나타나는데, 식사시간과 미디어에 사용한 시간이 피곤을 느끼는 정도에 영향을 준다는 면에서 시간부족을 느끼는 데 영향이 있는 활동과 유사한 면이 있다.

여성의 경우 혼자 식사하는 시간이 많을수록 피곤함을 더 느끼고, 혼자 사회화에 보내는 시간과 미디어에 사용하는 시간이 많을수록 덜 피곤하게 느낀다. 그 외 활동, 즉 종교활동, 문화활동, 스포츠활동 등은 혼자나 배우자와 함께하는 시간 등이 피곤함을 느끼는 정도와 유의미한 관계를

표 24 10세 미만 자녀를 둔 부부가 하루 일과에 대한 피곤함을 느끼는 정도에 대한 회귀분석

		여성	남성
		회귀계수	회귀계수
식사에 사용하는 시간	혼자	−0.013***	−0.005
	배우자와 함께	0.003	0.004**
사회화에 사용하는 시간	혼자	0.014**	−0.005
	배우자와 함께	0.003	0.004
미디어에 사용하는 시간	혼자	0.007***	0.005***
	배우자와 함께	0.001	0.004*
종교활동에 사용하는 시간	혼자	0.000	0.003
	배우자와 함께	0.003	−0.010
문화활동에 사용하는 시간	혼자	0.010	0.000
	배우자와 함께	−0.003	0.001
스포츠활동에 사용하는 시간	혼자	0.010	0.000
	배우자와 함께	−0.003	0.001

주: *p< .05, **p< .01, ***p< .001

보여주지 않는다. 결국, 여성의 경우 혼자 활동하는 시간이 피곤함과 관련이 많음을 알 수 있다.

남성의 경우 혼자 미디어에 사용하는 시간이 많을수록 덜 피곤해하며, 배우자와 함께 식사를 하거나, 미디어를 사용할수록 피곤함을 덜 느낀다. 상대적으로 여성에 비해 남성은 배우자와 함께하는 시간이 피곤함을 덜 느끼는 데 영향이 있음을 알 수 있다. 여성과 남성 모두 미디어에 혼자 사용하는 시간이 피곤을 덜 느끼게 하는 데 관련이 있다.

어린 자녀들을 둔 부부가 삶에 만족을 느끼는 정도와 식사, 사회화, 미디어, 종교활동, 문화활동, 스포츠활동 등 6개 활동 사이의 연관성에 대해 회귀분석한 결과를 보면 삶에 여유를 느끼는 것, 피로도를 느끼는 것이 조금 다르게 나타난다.

여성의 경우, 식사나 미디어에 사용한 시간과 삶의 여유를 느끼는 정도, 일상에 대한 피로도가 관련이 있었는데, 삶의 만족도에는 이 두 가지 활동이 유의미한 연관성을 보여주지 않는다. 유일하게 삶에 대한 만족도에 유의미한 관련을 보여주는 활동이 혼자 종교활동에 사용한 시간인데, 혼자 종교활동에 사용하는 시간이 많을수록 삶에 대한 만족도가 높아진다. 한편, 여성이 스포츠활동을 배우자와 함께 할수록 삶에 대한 만족도가 줄어든다는 것으로 나온 것이 흥미롭다.

남성의 경우, 배우자와 함께 식사를 하는 시간이 많을수록 삶에 대한 만족도가 올라가며, 혼자 미디어를 사용하는 시간이 많을수록 만족도가 감소한다. 남성 역시 혼자 종교활동을 많이 할수록 삶에 대한 만족도가 올라간다. 여성과 남성 모두 종교활동을 하는 시간이 삶의 만족도와 관련이 있는 것으로 나타났는데, 종교활동은 삶의 여유를 느끼는 것, 일상에 대한 피로도와는 관련이 없던 활동인 점이 특이하다.

요약하면, 10세 미만 자녀를 둔 부부가 느끼는 삶에 대한 여유, 일상에 대한 피로, 삶에 대한 만족 등에 유의미한 영향을 미치는 활동들은 식사 시간, 미디어를 사용하는 시간, 종교활동 등이라고 할 수 있다. 여성들은 혼자서 하는 활동들이 의미가 있다면, 남성들은 배우자와 함께 하는 활동들이 유의미한 상관관계를 보여주었다. 특히 혼자 식사를 하는 시간은 여성들에게는 삶에 대한 여유, 일상에 대한 피로감에 부정적인 영향이 있으

표 25 10세 미만 자녀를 둔 부부가 삶에 대한 만족을 느끼는 정도에 대한 회귀분석

		여성	남성
		회귀계수	회귀계수
식사에 사용하는 시간	혼자	0.004	0.008
	배우자와 함께	−0.004	−0.006**
사회화에 사용하는 시간	혼자	0.004	−0.002
	배우자와 함께	−0.010	−0.010
미디어에 사용하는 시간	혼자	0.004	0.006***
	배우자와 함께	−0.005	0.000
종교활동에 사용하는 시간	혼자	−0.025***	−0.021**
	배우자와 함께	−0.010	−0.006
문화활동에 사용하는 시간	혼자	−0.009	−0.024
	배우자와 함께	−0.003	−0.001
스포츠활동에 사용하는 시간	혼자	−0.009	−0.024
	배우자와 함께	0.010*	−0.001

주: *p< .05, **p< .01, ***p< .001

며, 반면 배우자와 함께 식사를 하는 시간은 남성들에게 삶에 대한 여유, 일상에 대한 피로감에서 긍정적인 영향을 보여주어, 여성과 남성이 차이가 있음을 알 수 있다.

혼자 미디어를 사용하는 시간은 남성과 여성 모두에게 삶에 대한 여유, 일상에 대한 피로감에서 긍정적인 영향이 있으며, 남성은 배우자와 함께하는 시간도 주관적 감정들을 긍정적으로 느끼게 하는 데 관련이 있는 것으로 드러나, 남성들에게 미디어를 사용하는 시간이 중요함을 알 수 있다.

3. FGI 결과

가족과 함께 얼마나 시간을 보내는지, 가족시간에 대한 인식 및 이를 둘러싼 어려움 등을 살펴보기 위해 Focus Group Interview를 실시하였다. 이 조사는 기혼남녀 및 미혼남녀들의 가족시간에 대한 보다 폭넓은 이해를 위한 내용이다. 이 장에서는 가족이 함께하는 시간에 초점을 맞추었다.

1) 가족시간에 대한 인식

가족시간에 대한 인식은 혼인, 출산과 함께 달라지는 경향이 있었다. 미혼의 경우 친구 및 개인의 자유시간에 대한 중요성을 강조하는 반면, 기혼의 경우 자녀와 함께할 수 있는 시간에 큰 의미를 두고 있다. 뿐만 아니라 가족과 함께하는 시간을 통해 정서적 안정감을 느끼고 있었다.

제가 결혼을 할 때 연수원에 들어가서 일산에 있었는데, 그 때 친구들과 노는 게 재미있었어요. 이 핑계 대고 저 핑계 대고 신혼여행도 안 갈 정도로 친구를 좋아하고, 애를 낳기 전까지만 해도 친구를 정말 좋아했었어요. 애를 낳고 보니까 친구보다는 애를 더 챙기게 돼요. 마음이 동해야 되는 거잖아요. 누구를 만나서 즐겁나 생각을 했는데, 어쩌다 한번씩 친구 만나면 즐겁긴 하지만 평소에 친구보다는 애가 주가 되는 느낌인 것 같아요. 저는 그렇더라고요. 뭐가 더 중요한가 이런 거라기보다는 뭐가 더 자기한테 재미있고, 조금 더 즐거운 게 있냐 놓고 봐야 될 것 같은데. 애 낳고도 친구 좋아하는 사람은 좋아하죠. 다 그런 건 아닌 것 같고. 애가 있음에도 불구하고 친구 좋아하면 정말 친구 좋아하는 사람인 것 같아요.

— 30대 기혼남성, 사무직

뿐만 아니라 많은 조사 참여자들은 가족과 보내는 시간이 매우 긍정적인 영향을 미친다고 믿고 있었다. 아래는 그러한 예이다.

정서형성에 가족이라는 게, 많이 도움이 될 것 같은데. 저는 아버님이 2001년에 돌아가셨으니까 16, 17년 됐죠. 저희 커가면서 아버님이랑은 뭔가, 특히 아들 같은 경우는 아버님이랑 교감하기가 어려운 것 같아요. 태어나서 아버지 돌아가셨을 때까지 대화를 해본 게 손에 꼽은 것 같고, 아버지 돌아가시면서 되게 아쉬웠어요. '고맙습니다'라는 말도 것의 못해 보니까 아쉽더라고요. 같이한 시간이 많다는 건 정서형성이나 감정적인 부분에 있어서 가족이라는 게 어떤 거구나, 물론 그런 말이 없어도 느껴지는 게 가족의 사랑이고. 그런 게 있지만 조금 더 부족한 것 같아요. 그런 게 많이 쌓이면 쌓일수록 관심 가지게 되고, 의무적인 게 아닌 자기 마음이 가서 할 수도 있게 되는 게 같이하는 시간 때문에 할 수 있는 거라는 생각을 했거든요.

— 30대 기혼남성, 사무직

저는 가족뿐만 아니라 직장동료도 그렇고, 친구도 그렇고 뭔가를 먹으면서 보내는 게 중요하다고 생각하거든요. 그냥 시간을 보내면서 대화를 하는 것보다 차라도 한잔 하고 뭔가 먹으면서 하는 게 뭔가 증명이 돼서 무엇이 다르다고 말할 수는 없지만, 뭔가 쌓여가는 자체의 질적인 차이가 있다고 생각을 하는 편이라. 완전한 차이가 있다고 생각해요.

— 30대 기혼여성, 전업주부

아직 어려서 많이 생각을 할까 싶기도 한데, 같이 먹으면서 오고 가는 스킨십도 그렇고, 아이들과 그걸로 인해서 얘기도 더 하고. 아이들이 나중에 초등학교 가면 점점 커가면서 지금처럼 큰다면 인격형성에 큰 영향을 미칠 것 같아요.

— 30대 기혼남성, 사무직

가족과 보내는 시간을 통해 긍정적인 인격이 쌓인다고 생각하고 있었으며 같은 행동이라도 더욱 큰 의미를 부여한다고 믿고 있었다. 많은 사람들은 정기적인 운동이 건강에 큰 도움이 된다고 여겨 꼭 해야 한다고 생각한다. 마찬가지로 가족과 보내는 시간도 되도록 잊지 않고 해야 하는 무엇처럼 인식하는 것으로 보인다.

2) 가족시간을 둘러싼 어려움

그렇지만 가족들이 한자리에 모이는 시간은 쉽게 만들어지지 않는다. 가족시간을 둘러싼 어려움은 특히 여성들에게서 많이 나타났다. 이들은 일과 가족생활 양립에 큰 어려움을 겪고 있었다. 직장시간과 가족시간을 적절하게 양립시킬 수 없기 때문에 둘 중 한 가지를 선택할 수밖에 없다. 남성의 경우는 일과 가족생활 양립이 여성보다 더 용이한 것으로 나타났다. 그러나 자녀양육 때문에 혼자 자유롭게 사용할 수 있는 시간이 부족하다는 불만은 많은 부모들이 공통적으로 갖고 있는 듯 하다.

> 직업의 종류에 따라서 굉장히 다른 것 같아요. 자발적인 선택 가능성이 있다, 업무의 선택 가능성이 있는 것과 없는 게 굉장히 많이 영향을 미치는데, 선택 가능성이 없는 경우는 결국 선택을 할 수밖에 없는 것 같아요. 직장에서는 선택 가능성이 없으니까, 결국 내가 선택을 할 수밖에 없는 상황에 처하게 되는데, 어떤 직업은 선택을 할 수 있잖아요. 시간 조절을 할 수 있다, 이런 직업인 경우에는 충분히 가능할 수 있는 측면이 있기도 하고. 저는 그게 없다 보니까 선택을 할 수밖에 없는 거죠. 제가 이걸 대신해서 가정을 선택하겠다고 하면 아무래도 잃는 게 생기는 거죠. 둘 다 모든 거에서 좋은 성과를 내기 어려운 측면이 있는 거죠.
>
> — 20대 미혼여성, 사무직

> 저는 5점, 제가 하고 있는 일에 나름 만족하고 있고, 결혼을 해서 아기도 있고, 그런 부분에 만족을 하는데. 한편으로는 가족하고 보내는 시간이 아니라 저도 사람이잖아요. 그러니까 저만의 시간이 없다

는 것. 일을 하고 어쨌든 집에 와도 육아나 가사를 하다 보니까, 제 와이프도 마찬가지겠지만 저도 그런 부분에 대해서, 심지어는 가끔가다 이런 생각을 할 때도 있어요. 집에 일주일만 혼자 있으면 좋겠다. 그런 생각을 할 정도로 혼자만의 시간을 갖고 제가 하고 싶은 것 한다든지, 편안하게 집에 누워서 TV를 본다든지. 그런 시간이 하루라도 있었으면, 그런 시간이 일주일에 하루라도 주어진다면 점수가 7~8점으로 확 올라가지 않을까.

— 30대 기혼남성, 사무직

일과 가족의 책임을 동시에 느끼는 여성들은 가족과 함께 보내는 시간 못지 않게 가족과 떨어져서 혼자서 보내는 시간을 매우 중시한다.

혼자 먹는 게 편해요. 점심 때는 회사 사람들과 먹는데, 그 외는 집에서 혼자, 그렇게 마음이 편한 것 같아요.

— 20대 미혼여성, 사무직

저는 바쁘면 혼자 먹기도 하고, 서로 업무에 바쁘다 보니까 서로 식당가서 먹기도 하고, 아니면 일부러 시간 내서 공장 같은 데 가서 먹자 해서 먹기도 하구요. 혼자 먹는 게 편하게 느껴져요.

— 30대 미혼여성, 공무원

그렇죠. 8점이라고 한 건 개인적으로 긍정적인 성향이 있는데 종교적인 것도 있고. 감사하게 사는 스타일이라서 행복하고, 10점이 아닌 이유 마이너스 2점이라는 이유는 개인적인 시간을 보내고 싶은 게 커서 가끔 제 자신을 잃어버리고 사는 게 아닌가, 어쩌다가 집사람이 애 둘 데리고 친정 갈 때가 있었는데, 퇴근하고 대여섯 시간 저 혼자 있는 시간이 너무 좋죠. 그런 시간이 온전하게 하루 종일, 아침부터 밤까지 보장이 된다면…

— 30대 기혼남성, 사무직

저도 마찬가지인 것 같아요. 결혼 생각을 안 했던 건 아닌데, 남자 친구랑 얘기했던 것 중 하나가 서로 결혼하게 되면 집안과 집안이 하는 거기 때문에 당장 결혼해서 애를 낳는 게 아니더라도 그런 거에서 압박이 올 거기 때문에 몇 년 동안 고민하다가 각자 더 즐기고 하자고 합의한 상태인데, 남자 친구가 있어도 없어도 상관없이 개인생활이 생기긴 해요. 결혼한 친구들은 자기 여가가 없더라고요. 보너스를 타게 되면 가족한테 뭘 써야 된다, 아니면 시댁, 친정한테 뭘 써야 한다 하더라고요. 저 같은 경우는 아직 미혼이니까 부모님 아니면 저한테 쓰는 게 다니까. 그런 생각들을 많이 하는 것 같아요. 남자 친구도 그렇고, 저도 그렇고. 결혼하는 친구들은 한마디로 결혼은 늦게 하는 게 좋고, 즐기고 하는 것이 좋다고. 지금은 결혼해서 살기 힘든 때인 것 같다, 결혼해서 애를 낳아도. 저희 같은 경우는 나이가 있으니까 애를 낳아도 노산이고, 애 낳고 안 낳고까지 고민이 되더라고요. 저 같은 경우는 낳고 안 낳고는 상관이 없는데, 남자 친구는 그런 게 고민이 많더라고요. 40대다 보니까… 지금 시작하게 되면 다른 사람보다 늦잖아요. 이런 고민은 저희 또래뿐만 아니라 30대 친구도 많이 할 것 같아요. 아직까지 결혼에 대해 올인 하는 것보다는 취미생활을 더 즐기고 싶은 것, 결혼생활보다는 자기 행복을 더 누리고 싶어 하는 게 예전보다 더 강해진 것 같아요.

— 40대 미혼여성, 사무직

4. 소결

이 장에서는 부부가 함께 식사, 사회화, 미디어 사용 등 다양한 활동에 대해 얼마만큼 시간을 보내고 있는지와 이러한 활동에 보내는 시간이 부부들의 삶의 질에 어떠한 영향을 미치는지 살펴보았다.

먼저, 10세 이하 자녀가 있는 부부들의 식사시간을 보면 하루 평균 2시간이며, 성별 차이는 크지 않다. 어린 자녀가 있는 부부들은 혼자보다 남편과 부인이 함께 식사하는 시간이 더 긴 것으로 나타났다. 그러나 이러한 차이는 집단에 따라 다양하다. 전업주부의 경우 취업주부에 비해 혼자 식사하는 시간이 길다. 반면 취업한 남성은 배우자와 함께 식사하는 시간이 더 많다. 부부가 함께 사회화에 보내는 시간은 여성이 남성보다 더 많이 사용하고 있다. 여성과 남성 모두 평일보다는 주말에 더 많은 시간을 보내는 것으로 나타났다. 사회화시간은 특히 취업과 자녀 수에 따라 다양한 결과를 보인다. 여성의 경우 전업주부에 비해 취업한 경우 사회화시간은 감소하고, 자녀 수가 많을수록 사회화에 사용한 시간은 줄어드는 것으로 나타났다. 그러나 남성은 큰 차이가 없었다. 미디어에 사용한 시간을 보면 여성보다 남성이 더 많은 시간을 사용하고 있는 것으로 나타났으며, 주말에 더 많은 시간을 사용하고 있다. 그러나 자녀 수가 많아질수록 미디어에 혼자 사용하는 시간은 감소하고, 부부가 함께 사용하는 시간은 증가하고 있다.

부부들의 시간사용에 따른 삶의 만족도를 살펴보기 위해 식사시간, 미디어를 사용하는 시간 등이 미치는 영향을 살펴보았다. 10세 미만 자녀를 둔 부부의 시간부족에 영향을 미치는 활동들은 식사시간, 미디어를 사용하는 시간, 종교활동이다. 특히 여성과 남성이 차이가 있음을 알 수 있다. 여성들은 혼자서 하는 활동이 의미가 있는 반면, 남성들은 배우자와 함께 하는 활동들이 유의미한 결과를 보여준다. 여성은 식사시간을 통해 삶에 대한 여유, 일상에 대한 피로감에 부정적인 영향이 있으며, 남성들은 삶에 대한 여유 등에 긍정적 효과가 있음이 드러났다. 혼자 미디어를 사용하는 시간은 여성과 남성 모두에게 삶에 대한 여유에 긍정적 영향을 미치는 것으로 나타났다.

가족과 함께 보내는 시간에 대한 의의 및 이를 둘러싼 어려움 등을 알아보기 위해 기혼남녀 및 미혼남녀를 대상으로 Focus Group Interview를 실시한 결과를 요약하면 다음과 같다.

먼저 혼인과 출산을 거치면서 가족시간을 더욱 소중하게 생각한다. 이러한 경향은 특히 기혼남성 사이에서 더욱 분명하다. 기혼남성들은 결혼 전 친구 및 개인의 시간사용에 많은 부분을 보내고 있었다. 그러나 결혼과 자녀출산으로 인해 가족과 함께할 수 있는 시간에 집중하는 모습을 보였다. 또한 자녀와 함께하는 시간은 아이들의 성장과 발달에도 긍정적 영향을 미칠 것으로 보고 있다.

둘째, 가족과 함께하는 시간에 대한 열망이다. 응답자들은 가족과 함께하는 시간을 소중하게 생각하고 성장기에 부모와 함께한 시간이 많지 않아 아쉬움을 보였다. 특히 가족과 함께하는 시간이 개인의 정서적 안정감을 높여 줄 뿐만 아니라, 가족관계에도 긍정적 역할을 하는 것으로 보고 있어 가족시간에 대한 열망은 더 높은 것으로 해석할 수 있다.

셋째, 응답자들은 시간사용에 있어 일과 가족생활 양립에 대한 많은 어려움을 경험하고 있다. 직장에서 많은 업무로 인해 개인의 시간사용에 제약을 받고 있다. 자녀양육이 많은 부분 여성에게 집중되고 있어 기혼여성들의 경우 일과 가족생활에 많은 갈등을 경험한다. 기혼남성들 역시 퇴근 후 자녀양육에 많은 시간을 사용하고 있어 일과 가족생활 양립을 위해 노력하고 있다. 그러나 한국사회에서 일과 가족생활 양립의 어려움은 여가시간 등을 포함한 개인의 시간사용에 많은 제약이 있는 것으로 보인다.

넷째, 미혼 응답자들은 개인시간을 더 가지고 싶어 한다. 이들은 가족과 함께 보내는 시간보다는 혼자 자유롭게 보낼 수 있는 시간을 많이 바란다. 이러한 시간사용에 대한 태도는 여성들이 더 많이 갖고 있는 듯하다. 결혼을 통해 가족과 함께 보내야 하는 시간이 더 많아질 것이고, 이에 따른 책임감도 크기 때문에 결혼보다는 개인의 행복에 더 집중하고 있는 것으로 나타났다.

V. 부모와 자녀

V. 부모와 자녀

1. 부모와 자녀가 보내는 시간

이제는 부모와 자녀가 같이 보내는 시간에 대해 알아보자. 〈그림 16〉은 10세 미만 자녀를 둔 아버지가 식사 및 여가에 사용한 하루 평균시간이다. 부부가 같이 보내는 시간은 앞에서 자세히 살펴보았지만 비교를 위해서 필요한 곳에서는 자녀와 보내는 시간과 부부가 함께 보내는 시간도 같이 살펴본다.

식사시간을 보면 하루 중 약 22분 정도 혼자서 식사를 하고 52분 정도는 아내와, 41.6분은 10세 미만 자녀와 식사를 한다. 물론 아내와 자녀와 함께 식사한 시간은 어느 정도 겹칠 것이다. 반면 미디어를 이용한 여가시간을 보면 혼자 보낸 시간이 72.8분, 아내와 보낸 시간이 32.5분, 10세 미만 자녀와 보낸 시간이 21.6분이다. 즉 한마디로 정리하면 식사는 가족과 많이 하며 TV나 인터넷 등 미디어 활용은 혼자서 하는 시간이 길다.

미디어 사용시간을 제외한 여가활동시간은 매우 미미하다. 가장 많은 시간을 보내는 교제(사회화)활동은 혼자 8분, 배우자와 약 9분, 자녀와 5분 정도를 보낸다. 종교활동과 문화 및 스포츠활동은 더 미미하다. 종교활동은 하루 평균 혼자서 하는 시간은 2.7분, 아내와 함께 하는 시간은 1.8분, 자녀와 하는 시간은 1.6분이다. 문화활동은 하루 평균 혼자서 하는 시간은 0.1분, 아내와 함께 하는 시간은 3.6분, 10세 미만 자녀와 함께하

그림 16 10세 미만 자녀를 둔 아버지의 시간사용

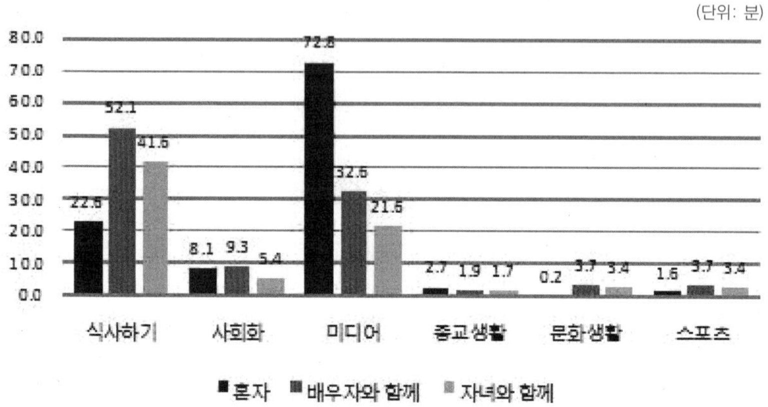

는 시간은 3.4분이다. 운동은 혼자서 0.1분, 아내와 함께는 3.6분, 10세 미만 자녀와 함께하는 시간은 3.4분이다.

〈그림 17〉은 10세 미만 자녀를 둔 어머니가 식사 및 여가에 사용한 하루 평균시간을 나타낸다.

식사시간을 보면 혼자서는 19.8분, 남편과는 51.0분, 10세 미만 자녀와는 64.0분이다. 남편에 비해 혼자서 먹는 시간은 더 적은 반면 가족과 먹는 시간은 더 많다. 미디어 사용시간을 보면 혼자서는 55.9분, 남편과는 27.0분, 10세 미만 자녀와는 23.7분이다. 전체적으로 미디어를 사용하는 시간이 남편보다 훨씬 적다. 여가활동시간을 살펴보면 교제(사회화)활동은 혼자서 약 10분, 배우자와 9분, 자녀와 8.5분을 보낸다. 종교활동은 혼자 3.8분, 남편과는 1.8분, 10세 미만 자녀와는 2.2분을 보낸다. 문화생활은 혼자 0.4분, 남편과는 4.6분, 10세 미만 자녀와는 5.0분이다. 마지막으로 운동에는 혼자 0.5분, 남편과는 4.6분, 10세 미만 자녀와는 5.0분을 사

그림 17 10세 미만 자녀를 둔 어머니의 시간사용

(단위: 분)

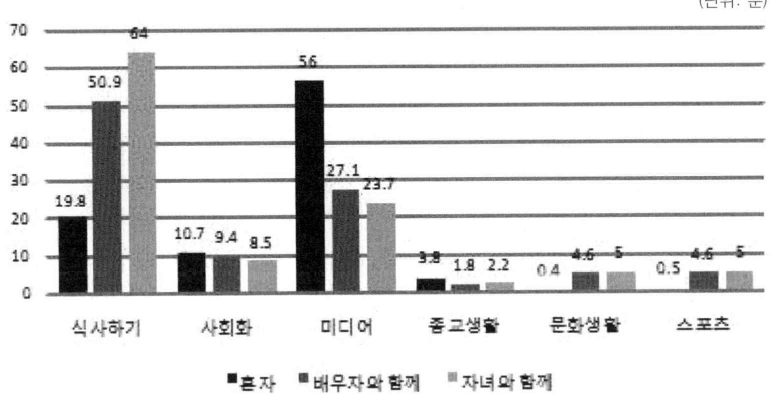

용한다.

전반적으로 여가활동시간은 매우 미미하며, 배우자나 자녀와 함께하는 시간은 더 적다. 앞서 언급한 바와 같이 자녀가 어리기 때문에 자녀와 함께 여가를 즐길 만한 여건이 되지 않을 수도 있고, 노동이나 돌봄과 같은 의무활동에 많은 시간을 투입하여 여가시간 자체가 부족할 수도 있다.

남성은 98%가량이 일을 하기 때문에 조사에 응답한 날이 일하는 날인지 쉬는 날인지에 따라 여가활동시간을 구분하여 살펴보았다. 여성의 경우에는 취업여부에 따라 시간사용이 다를 수 있을 것으로 판단되어 취업여부로 구분하여 여가활동시간을 구분하였다. 예상하는 바와 같이 일하는 날보다 쉬는 날에 식사시간을 비롯하여 모든 여가활동에 보내는 시간이 더 길었다. 특히 이러한 경향은 미디어 활용, 종교, 문화, 스포츠활동시간에서 두드러지게 나타났다.

일하는 날부터 살펴보면, 식사시간이 총 2시간 정도로 가장 길고 다음

표 26 조사 당일이 일하는 날인지에 따라 아버지가 여가활동에 보내는 시간

		범주	일하는 날	쉬는 날
여가활동시간	식사	총 시간	119.1	137.3
		혼자	25.2	13.8
		자녀와 함께	25.0	90.0
	교제 및 사회생활	총 시간	29.5	41.9
		혼자	8.8	7.2
		자녀와 함께	2.9	13.6
	미디어	총 시간	80.7	195.2
		혼자	53.5	115.6
		자녀와 함께	11.4	50.0
	종교생활	총 시간	1.9	15.3
		혼자	0.8	6.2
		자녀와 함께	0.3	4.9
	문화생활	총 시간	1.2	16.0
		혼자	0.9	0.2
		자녀와 함께	0.5	12.7
	스포츠	총 시간	1.2	16.0
		혼자	0.9	0.2
		자녀와 함께	0.5	12.6

으로는 미디어 활용시간이 약 1시간 20분, 교제 및 사회활동시간이 30분 정도였다. 그 외의 활동은 하루 평균 1분 정도로 미미했다. 자녀와 함께하는 시간 순서대로 살펴보면, 식사시간이 하루 평균 25분으로 가장 길고 다음으로는 미디어 활용시간이 11분, 교제 및 사회활동 시간이 약 3분이

표 27 조사 당일이 일하는 날인지에 따라 어머니가 여가활동에 보내는 시간

		범주	취업	미취업
여가활동시간	식사	총 시간	116.1	120.1
		혼자	15.4	23.8
		자녀와 함께	59.5	70.7
	교제 및 사회생활	총 시간	36.3	44.7
		혼자	10.1	11.7
		자녀와 함께	7.9	9.1
	미디어	총 시간	77.8	111.3
		혼자	41.6	68.2
		자녀와 함께	21.7	25.0
	종교생활	총 시간	10.2	8.1
		혼자	3.3	3.3
		자녀와 함께	3.6	2.9
	문화생활	총 시간	5.8	6.9
		혼자	0.2	0.4
		자녀와 함께	4.5	5.3
	스포츠	총 시간	5.8	6.8
		혼자	0.2	0.4
		자녀와 함께	4.4	5.3

었다. 혼자 하는 시간이 가장 긴 활동은 미디어, 식사, 교제 시간 순이었으며 그 외 활동은 미미하다. 쉬는 날의 시간 배분을 보면 미디어 활용시간이 3시간 이상으로 가장 길고, 식사시간이 2시간을 약간 넘으며, 교제 시간이 약 40분가량으로 긴 편이다. 일하는 날에 미미했던 종교, 문화, 스

포츠활동시간도 여전히 짧지만 약간 늘어난다. 자녀와 함께하는 시간은 식사시간이 1시간 반, 미디어 사용시간이 50분, 교제 시간 14분 정도의 순서로 나타난다.

어머니의 취업여부에 따라 여가시간활용을 살펴보면, 미취업인 경우가 취업한 경우보다 종교 생활을 제외한 모든 활동에 더 긴 시간을 보낸다. 취업한 어머니들은 식사시간이 약 2시간, 미디어 77분, 교제 36분, 종교 10분, 문화생활 및 스포츠활동에 약 6분을 보낸다. 자녀와 함께 하는 시간 역시 식사, 미디어, 교제 시간 순서로 나타나는데 식사시간은 하루 평균 1시간, 미디어 20분, 교제 8분 정도이다. 그 외 활동은 아버지보다는 길지만 여전히 하루 평균 5분 미만으로 매우 짧다. 미취업여성은 식사와 미디어 사용시간이 하루 평균 약 2시간 정도로 길고 교제 시간 8분, 그 외 활동시간이 7~8분 정도이다. 자녀와 함께 보내는 시간은 식사시간 70분, 미디어 25분, 교제 9분, 그 외 시간이 3~5분 정도이다.

전반적으로 어머니들이 아버지들에 비해 식사를 비롯하여 모든 여가활동에 보내는 시간이 짧다. 어머니들 중에서는 취업한 어머니들이 전업주부에 비하여 모든 활동에 보내는 시간이 짧다. 총 시간이나 자녀와 보내는 시간이 가장 긴 활동은 식사시간과 미디어 활용시간이고, 전반적으로 종교, 문화, 스포츠활동에 보내는 시간은 미미하다.

2. 부모 그리고 자녀의 삶에 대한 만족도

1) 10세 미만 자녀와의 여가시간이 부모의 삶의 만족도에 미치는 영향

둘째 날 자료를 대상으로 아버지와 어머니의 삶의 만족도에 영향을 미치는 요인을 분석하였다. 아버지의 삶의 만족도에 대한 결과는 〈표 28〉에 제시되었다. 기본 모형은 통제변수만 투입한 것이고, 다양한 여가활동을 혼자 한 시간을 투입한 모형, 다양한 여가활동을 자녀와 함께 한 시간을 투입한 모형, 구체적인 활동에 관계없이 혼자서 보낸 총 여가시간과 자녀와 함께 보낸 총 여가시간을 포함한 모형 순서로 결과를 제시하였다.

기본 모형의 결과를 살펴보면, 가구소득은 삶의 만족도에 긍정적인 영향을 미친다. 주관적 건강상태가 좋을수록 삶에 대한 전반적인 만족도는 높다. 가구소득과 주관적 건강상태의 긍정적 효과는 기존 연구들의 결과와 일치한다. 교육수준이 높을수록 만족도가 높아지는 경향이 관찰되는데 4년제 대학 졸업 이상의 고학력자들에게만 효과가 유의미하다.

기본적인 통제변수들에 가사분담만족도와 시간부족에 대한 인식, 그리고 혼자 보내는 여가활동시간을 투입한 '혼자시간' 모형을 살펴보면, 계수의 미미한 변화는 있지만 가구소득과 주관적 건강상태, 교육수준의 효과는 동일하게 유지된다. 가사분담만족도는 삶의 만족도에 정적인 효과를, 시간부족은 삶의 만족도에 부적인 효과를 보여준다. 혼자 보내는 여가활동시간은 미디어 활용시간만 만족도에 부정적인 영향을 미칠 뿐, 별다른 영향을 미치지 않는다. 미디어 활용시간의 부정적인 효과 역시 그다지 크지 않다.

자녀와 함께하는 여가시간을 포함한 결과를 살펴보면, 가구소득, 주관적 건강상태, 교육수준, 가사분담만족도, 시간부족의 영향력이 모두 여전히 유의미하다. 그러나 자녀와 함께하는 시간은 어떤 활동도 만족도에 유의미한 영향을 미치지 않는다. 가령 혼자 하는 미디어 활용시간은 만족도에 부정적이었으나, 자녀와 함께 하는 미디어 활용시간은 회귀계수는 동일하지만 통계적 유의미성이 사라졌다. 어쩌면 자녀와 함께하는 시간 자체가 길지 않아서 비롯된 결과일 것으로 판단된다.

마지막으로 구체적인 활동을 구분하지 않고 혼자서 보낸 총 여가시간과 자녀와 함께한 총 여가시간을 독립변수로 투입하였다. 이번 모형에서는 가구소득의 긍정적인 효과가 사라졌다. 주관적 건강상태와 교육수준, 가사분담만족도와 시간부족 인식의 효과는 그대로 유지되었다. 혼자서 보내는 총 여가시간이 길수록 만족도에 부정적인 영향을 미치는 것으로 나타났으나 효과는 미미하다. 자녀와 함께 보내는 여가시간은 만족도에 영향을 미치지 않는다.

종합하여 살펴보면, 여가시간을 혼자 보내거나 자녀와 함께 보내는 것은 만족도에 크게 영향을 미치지 않았다. 오히려 가사분담만족도나 시간부족과 같은 주관적인 평가들이 만족도에 유의미한 영향을 미쳤다. 이는 자녀가 10세 미만의 어린 나이이기 때문에 기본적으로 요구되는 양육과 가사노동 부담이 많고 따라서 여가시간 자체가 그다지 많지 않아 여가시간의 효과보다는 가사분담이나 시간부족에 대한 인식이 더 중요한 영향을 미친 것으로 생각된다.

표 28 10세 미만 자녀를 둔 아버지의 삶의 만족도 선형회귀분석(둘째날)

	기본 모형	혼자 보낸 시간	자녀와 함께 보낸 시간	혼자, 자녀와 함께 보낸 총 여가시간
연령	−0.001	−0.002	−0.003	−0.002
가구소득	0.041***	0.044***	0.046***	0.044
노동시간	−0.003	−0.000	0.001	0.000
어린 자녀 수	0.029	0.044	0.043	0.043
주관적 건강상태	0.361***	0.286***	0.288***	0.285***
교육수준(준거: 고졸 이하)				
전문대 졸업	0.081	0.060	0.057	0.061
4년제 대졸 이상	0.226***	0.226***	0.223***	0.224***
가사분담만족도		0.208***	0.213***	0.209***
시간부족		−0.187***	−0.179***	−0.185***
식사시간		−0.003	0.006	---
미디어 활용시간		−0.008***	−0.008	---
사회활동시간		0.009	−0.008	---
문화생활, 운동 시간		−0.024	0.001	---
혼자 여가시간		−	−	−0.007***
자녀와 여가시간		−	−	0.000
R^2	0.12***	0.20***	0.20***	0.19***
N	1706	1706	1706	1706

주: *p〈 .05, **p〈 .01, ***p〈 .001

〈표 29〉는 10세 미만 자녀를 둔 어머니들을 대상으로 둘째 날 응답을 분석한 결과이다. 통제변수만 투입한 기본 모형을 살펴보면, 가구소득이 높을수록 삶의 만족도가 높게 나타난다. 주관적 건강상태 역시 삶의 만족

도에 정적인 영향을 미친다. 이 결과들은 기존 연구의 결과는 물론 남성의 결과와도 일치한다. 반면 취업한 여성들의 만족도는 전업주부보다 낮다. 이는 10세 미만의 어린 자녀를 둔 취업여성들의 이중부담이 반영된 결과일 것으로 생각된다. 교육수준은 삶의 만족도에 정적인 영향을 미치는데, 남성의 경우에는 4년제 대졸 이상의 경우에만 교육의 효과가 유의미하였으나 여성은 전문대 졸업 이상과 4년제 대졸 이상 모두 고졸 이하에 비하여 삶의 만족도나 높게 나타났다.

혼자 보내는 여가활동시간과 가사분담만족도, 시간부족을 포함한 두 번째 모형에서는 가구소득, 주관적 건강상태, 교육수준의 효과는 여전히 유의미하다. 다만 회귀계수가 약간 줄어들었으며, 취업여부의 효과는 사라졌다. 기본 모형과의 차이점은 어린 자녀 수가 많을수록 만족도가 높아진다는 것이다. 기본 모형에서도 어린 자녀의 수가 만족도에 정적인 영향을 미치는 것으로 보였으나 효과가 유의미하지 않았다. 가사분담만족도의 정적인 효과와 시간부족의 부정적인 효과는 남성의 경우와 마찬가지로 관찰되었다. 남성의 결과와의 차이점은 가사분담만족도의 효과가 여성에게 더 크게 나타난다는 점이다. 혼자 하는 여가활동시간은 개인의 만족도에 전혀 영향을 미치지 않았다.

자녀와 함께하는 여가활동시간을 포함한 경우 역시 가구소득과 어린 자녀의 수, 주관적 건강상태, 교육수준, 가사분담만족도, 시간부족의 효과가 거의 유사하다. 자녀와 함께하는 여가활동시간이 만족도에 미치는 영향력은 전혀 없었으며, 혼자 하는 여가활동시간을 포함한 모형과 계수들의 차이도 미미하다. 어쩌면 여성들은 이미 어린 자녀의 돌봄노동에 많은

표 29 10세 미만 자녀를 둔 어머니의 삶의 만족도 선형회귀분석(둘째날)

	기본 모형	혼자 시간	자녀와 함께 시간	혼자, 자녀와 함께 보낸 총 여가시간
연령	−0.005	0.000	0.000	−0.000
가구소득	0.064***	0.057***	0.057***	0.082***
취업(준거: 미취업)	−0.115***	−0.039	−0.041	−0.035
어린 자녀 수	0.007	0.063*	0.063*	0.060
주관저 건강상태	0.317***	0.226***	0.224***	0.222***
교육수준(준거: 고졸 이하)				
전문대 졸업	0.194***	0.160***	0.163***	0.161***
4년제 대졸 이상	0.302***	0.280***	0.284***	0.282***
가사분담만족도		0.304***	0.302***	0.303***
시간부족		−0.093***	−0.095***	−0.094***
식사시간		−0.001	−0.002	—
미디어 활용시간		0.002	0.005	—
사회활동시간		−0.012	−0.001	—
문화생활, 운동 시간		−0.013	0.004	—
혼자 여가시간				0.001
자녀와 여가시간				0.002
R^2	0.12***	0.26***	0.26***	0.26***
N	1707	1707		1707

주: *p< .05, **p< .01, ***p< .001

시간을 투입하였기 때문에 자녀와 함께하는 여가시간이라는 것을 따로 구분하기도 어렵고 시간 자체도 매우 적으며, 자녀와 함께하는 여가시간이 만족도에 큰 영향을 미치기 어려울 것으로 생각된다. 그럼에도 불구하고 남성의 모형과 달리, 어린 자녀 수가 여성의 만족도에 정적인 영향을 미친다는 점은 자녀의 존재 자체는 여성에게 긍정적으로 다가오는 것으로 판단된다.

마지막으로 혼자 보내는 총 여가시간과 자녀와 함께 보내는 총 여가시간을 포함한 모형을 살펴보면 가구소득, 주관적 건강상태, 교육수준, 가사분담만족도, 시간부족은 여전히 유의미하다. 그러나 혼자 보내는 총 여가시간과 자녀와 함께 보내는 총 여가시간은 모두 만족도에 영향을 미치지 않는다.

이번에는 아버지와 어머니의 피곤함에 영향을 미치는 요인을 살펴보았다. 특히 자녀와 함께 보내는 시간이 피곤함에 어떤 영향을 미치는지에 관심을 두었다. 〈표 30〉은 아버지의 둘째 날 자료를 분석한 결과이다. 통제변수들만 포함한 기본 모형에서는 나이가 들수록 피곤함이 줄어드는 경향이 관찰되었다. 노동시간이 길어지면 피곤함이 늘어났고 주관적 건강상태가 좋을수록 피곤함이 줄어들었다. 자녀와 함께하는 여가활동시간을 포함한 모형에서도 연령, 노동시간, 주관적 건강상태의 효과는 그대로 유지된다. 자녀와 함께하는 다양한 활동시간은 피곤함에 전혀 영향을 미치지 않는다. 이는 어쩌면 자녀와 함께하는 여가시간 자체가 짧기 때문일 수도 있을 것으로 판단된다.

자녀와 함께 보내는 여가시간을 구체적인 활동별로 구분하지 않고 총 여가시간을 계산하여 변수로 투입한 모델에서는 연령, 노동시간, 주관적 건강상태의 영향력이 그대로 유지되었으며, 자녀와 보내는 총 여가시간이 늘어날수록 미미한 수준이지만 피곤함이 줄어드는 것으로 관찰되었

표 30 10세 미만 자녀를 둔 아버지의 피곤함 선형회귀분석(둘째날)

	기본 모형	자녀와 함께 시간	자녀와 함께 보낸 총 여가시간
연령	−0.012***	−0.012***	−0.012***
가구소득	0.012	0.013	0.013
노동시간	0.010***	0.009***	0.009***
어린 자녀 수	0.027	0.031	0.030
주관저 건강상태	0.176***	0.174***	−0.174***
교육수준(준거: 고졸 이하) 전문대 졸업 4년제 대졸 이상	 −0.059 −0.045	 −0.060 0.048	 −0.058 −0.045
가사분담만족도	−0.024	−0.024	−0.025
식사시간		−0.004	---
미디어 활용시간		−0.004	---
사회활동시간		−0.002	---
문화생활, 운동 시간		0.001	---
자녀와 여가시간			−0.003*
R^2	0.13***	0.13***	0.13***
N	1,706	1,706	1,706

주: *p< .05, **p< .01, ***p< .001

다. 이것 역시 역인과성의 여지가 있을 수 있다. 가령 덜 피곤해서 자녀와 여가활동을 할 가능성도 있기 때문이다. 그러나 기본적으로 자녀와 함께 하는 여가시간 자체가 그리 길지 않기 때문에 자녀와 함께 보내는 시간은 큰 부담이 되지 않으며 피곤하게 느껴지지 않는 즐거운 활동일 수 있을 것으로 생각된다.

〈표 31〉는 어머니의 둘째 날 자료를 분석하여 피곤함에 영향을 미치는 요인을 분석한 결과이다. 기본 모형의 경우에는 아버지의 모형과 마찬가지로 연령은 피곤함을 줄이는 효과를, 주관적 건강상태가 좋을수록 피곤함이 줄어드는 경향을 보인다. 아버지의 노동시간이 피곤함에 정적인 영향을 미치는 것과 마찬가지로 어머니의 경우에도 취업한 경우가 미취업에 비하여 피곤함이 크다.

아버지의 경우와 차이점은 교육수준의 정적인 효과와 가사분담만족도의 부적인 효과이다. 아버지의 경우에는 교육수준과 가사분담만족도는 피곤함에 어떤 영향도 미치지 않았다. 반면 어머니는 교육수준이 높을수록 피곤함이 높아지고 가사분담에 만족할수록 피곤함이 줄어든다. 또한 어린 자녀 수가 늘어나면 피곤함이 늘어났다. 종합하여 보면, 취업여성의 이중부담을 고려할 때 어린 자녀가 있는 어머니들이 일을 할 경우에 피곤함이 가중되는 것으로 생각된다. 또한 일을 하지 않는다 하더라도 어린 자녀가 있는 경우에는 돌봄노동과 그에 수반되는 집안일이 늘어나고 이러한 일들은 주로 여성이 담당하기 때문에 어린 자녀의 수와 가사분담에 대한 만족도가 피곤함에 직접적인 영향을 미치는 것으로 보인다.

자녀와 함께 보낸 여가활동을 포함하여도 연령, 취업, 어린 자녀 수, 주관적 건강상태, 교육수준, 가사분담만족도의 효과는 그대로 유지된다. 약간의 계수변화만 관찰될 뿐이다. 자녀와 함께 하는 여가활동 중에는 식사를 같이하는 시간이 피곤함을 줄이는 경향이 있다. 자녀와 함께 한 총 여가시간을 포함한 경우 역시 다른 변수들의 효과는 그대로 유지된다. 그러나 자녀와 함께한 총 여가시간은 피곤함에 어떤 영향도 미치지 않는다.

표 31 10세 미만 자녀를 둔 어머니의 피곤함 선형회귀분석(둘째날)

	기본 모형	자녀와 함께한 시간	자녀와 함께한 총 여가시간
연령	−0.001***	−0.009***	−0.009***
가구소득	0.018*	0.018	0.018*
취업(준거: 미취업)	0.121***	0.113***	0.116***
어린 자녀 수	0.069***	0.074***	0.071***
주관적 건강상태	−0.164***	−0.162***	−0.162***
교육수준(준거: 고졸 이하)			
전문대 졸업	0.060	0.060	0.059
4년제 대졸 이상	0.124***	0.123***	0.123***
가사분담만족도	−0.046***	−0.048***	−0.046***
식사시간		−0.006*	---
미디어 활용시간		−0.002	---
사회활동시간		−0.004	---
문화생활, 운동 시간		0.004	---
자녀와 여가시간			−0.002
R^2	0.09***	0.09***	0.09***
N	1,707	1,707	1,707

주: *p< .05, **p< .01, ***p< .001

분석 결과를 종합하면, 아버지의 경우에는 혼자 여가를 보내는 시간이 늘어날수록 만족도는 낮아지는 경향이 있었다. 그러나 자녀와 함께 보내는 시간은 아버지의 만족도에 영향을 미치지 않는다. 어머니의 경우에는 자녀와 보내는 시간, 혼자 보내는 시간 모두 만족도에 영향을 미치지 않고, 가사분담만족도가 중요한 영향을 미치는 것으로 보인다. 아버지의 경우에는 자녀와 보내는 총 여가시간이 길면 피곤함이 줄어드는 경향이 있는 반면 어머니의 경우에는 자녀와 보내는 시간이 피곤함에도 영향을 미치지 않는다. 앞서 언급한 바와 같이, 10세 미만 자녀들이기 때문에 함께 보내는 여가시간 자체가 길지 않고, 어머니가 주로 돌봄을 담당한다는 점을 고려하면 자녀와 함께 보내는 시간이 만족도나 피곤함에 큰 영향을 미치지 않는 것으로 보인다. 오히려 돌봄노동과 부담이 큰 상황이기 때문에 가사분담만족도가 삶의 전반적인 만족도와 피곤함에 직접적인 영향을 미치는 것으로 판단된다.

이 연구에서 관심을 가지는 주요 변수는 아니었으나 어린 자녀의 수는 어머니의 경우에만 복합적인 영향력을 보인다. 가령 어린 자녀의 수가 늘어나면 어머니의 삶의 만족도가 높아졌으나 동시에 어머니의 피곤함도 늘어났다. 이는 자녀의 존재 자체는 만족도에 긍정적인 영향을 미치지만, 이에 수반되는 시간과 경제적인 비용들이 만족도에 부정적인 영향을 미친다는 기존 연구들의 결과와 유사하게 해석될 수 있다. 자녀 수가 늘어나는 것 자체는 어머니들의 만족감을 높이는 역할을 하지만 이로 수반되는 각종 돌봄노동과 가사노동이 피곤함을 가중시키는 것으로 보인다.

3. FGI 결과

그렇다면 사람들은 가족과 얼마나 시간을 보내며 함께 보내는 시간에 대하여 어떻게 느끼고 얼마나 행복하다고 생각할까? 설문조사 자료 분석만으로는 응답자들이 자신의 삶에 대해 어떻게 생각하고 왜 그렇게 생각하는지 충분히 알기에는 부족하다. 따라서 Focus Group Interview를 실시한 결과를 추가적으로 활용하여, 보다 풍부한 내용을 이해하고자 하였다.

이 장에서는 자녀와 함께하는 시간에 초점을 맞추기 때문에 기혼자들의 응답을 주로 활용하였다. 설문조사 분석 결과는 자료의 특성상 10세 미만 자녀가 있는 부부에 초점을 맞추었지만 FGI 결과는 자녀의 연령에 관계없이 부모-자녀가 함께하는 시간과 행복을 살펴보았다.

1) 일-가정 양립에 대한 딜레마

어린 자녀가 있는 20~40대 응답자는 가족과 함께 시간을 보내고 싶은 열망과 경제적인 소득을 많이 올려야 한다는 부담감을 동시에 크게 느끼는 경향이 있었다. 특히 남성들은 경제적인 책임과 부담을 강하게 느끼며 사회적인 변화나 부인의 요구에 부응하기 위하여 가족과 시간을 더 보내야 한다는 부담감 사이에서 고민하는 것으로 보였다. 최근 젊은 남성들은 가족과 함께 보내는 시간의 중요성을 인지하고, 좋은 아빠가 되고 싶다는 개인적 열망을 강하게 지니는 경향이 있다. 동시에 경제적 부담과 책임도 강하게 느끼기 때문에 스스로 딜레마를 느끼면서 고민하는 모습을 보였다.

> 제가 애를 낳게 되었는데 직장에서는 집에 들어가는 시간을 12시, 1시 이렇게 들어가는 것도 늦게 들어간다고 생각을 하지 않더라고요. 마치 당연한 것처럼. 회사 분위기가 이렇다 보니까, 내가 원하는 건 이건 아닌 것 같다… 결국 내 가족도 돌보지 못하는데 하는 생각이 들더라고요. 애가 커가는 모습을 보고 싶은데 집에 들어가면 자는

것만 보게 되고…

— 30대 기혼남성, 변호사

경제력과 가정에 대한 만족도가 일치할 수는 없다고 봐요. 한군데 치우칠 수밖에 없고. 남자들이 경제력만 우선이면 가정에 소홀해질 수밖에 없고, 자녀 육아시기에 거기에 초점을 맞추겠다고 해도 와이프가 동의하지 않으면 이루어질 수 없는 상황이거든요. 어디에 기준을 두는가가 중요한 것 같아요.

— 40대 기혼남성, 사무직

이 사람은 돈을 많이 받는 대신 여가시간을 가족들과 가질 수 없어요. 이쪽은 여가시간은 많지만 연봉이 적으니까 맨날 아등바등거리고, 장단점이 있다 보니까 어디에 초점을 맞춰야 할지 어려워요. 돈과 시간 다 중요하거든요.

— 40대 기혼남성, 사무직

육아 시기와 아빠가 돈을 많이 벌어야 하는 시기가 딱 맞물려 있는 것 같아요.

— 40대 기혼여성, 전업주부

저는 남편이 안타깝더라고요. 자녀가 예쁘고 사랑해줘야 할 시기가 딱 있는데, 이 시기는 지나면 일생에 다시 안 오거든요. 그걸 지나쳐 버리더라고요. 물론 책임감 때문이겠죠. 경제 부분을 혼자 책임졌으니까…

— 40대 기혼여성, 전업주부

취업한 기혼여성들은 경제적 책임에 대한 부담감은 남성에 비하여 상대적으로 덜 느끼지만 대부분 자녀양육의 책임을 전적으로 지기 때문에 야근과 장시간 노동문화를 지닌 직장문화 내에서 고군분투하는 경우가 많았다. 근무시간을 조절하는 것은 여성의 몫이었고, 일부 여성들은 직장생활을 하다가 자녀양육을 위하여 전업주부가 되기도 하고 경력단절 여성으로 지내다가 자녀가 성장한 후 재취업을 하기도 하였다.

> 맞벌이를 했을 때는 제가 단시간 근무를 했어요. 어린이집에서 애를 오래 봐줄 수가 없어서요.
>
> — 30대 기혼여성, 전업주부

> 맞벌이를 하는데 와이프는 보통 칼퇴근을 해서 아이를 유치원에서 찾아와요.
>
> — 30대 기혼남성, 영업직

> 저희는 신랑이 집안일을 상당히 많이 도와줌에도 불구하고 가사일이라는 것이 생기고 시댁이나 친정 일들이 계속 생기면서 가족과 연관되는 일이 계속 생기는데 이게 다 제가 해야 할 일이 많아요.
>
> — 30대 기혼여성, 사무직

> 육아와 일을 같이 하는 동료들을 보잖아요. 정말 힘들더라고요. 야근을 하더라도 맘 졸여 가면서 하고 누가 봐 줄 사람 있는지도 알아봐야 하고…
>
> — 30대 미혼여성

자식을 집에서 키워보니 생각했던 것보다 단순히 돌보는 데서 끝나지 않더라고요. 정서적인 면, 교육적인 면, 정보가 쏟아져 들어오다보니 시간과 정성의 기준이 무한대로 들어가더라고요. 무한대로 아이한테 완전히 집중하게 되니 다른 걸 생각할 여력이 없다는 것을 철저하게 제가 경험했잖아요.

— 50대 기혼여성, 사무직 재취업

반면 50대 남성들은 개인의 여가시간이나 가족과 함께하는 시간의 중요함을 많이 느끼는 것으로 보인다. 자녀들이 이미 성장했고 본인들의 책임을 다했다는 생각 때문에 노년에 대해 생각하고 개인의 시간을 가지고 싶어하는 열망을 표출하는 경우도 있고, 젊은 시절에 가족과 많은 시간을 보내지 못했다는 아쉬움을 드러내는 경우도 있었다.

젊었을 때는 부인과 대화하는 것에 대한 재미가 없었고 친구들과 어울리는 게 더 좋았는데 지나니까 가족에 대한 소중함을 느끼게 되었고… 저도 처음에는 일 쪽에 초점이 더 높았죠. 그게 보나 나은 행복한 생활이라고 생각했으니까. 시간이 지나면 그게 아니라 가족에 대한 부분들의 중요성, 시간 배려를 더 많이 하게 되죠.

— 40대 후반 기혼남성, 사무직

50이 넘어가니까 내 삶이 하나도 없는 것 같아요. 돈 버는 것 말고는. 요새 젊은 친구들은 원하는 걸 하더라고요. 그런 걸 보면 지금까지 나는 뭐하고 살았나… 애들이 둘 다 대학생이니까 애들 학비니 학교 들어가는 것만 치중한 것 같아요.

— 50대 기혼남성, 외국계 회사

> 아이들은 크고 그 아이들을 만족시키기 위해서 교육문제라든지 여러 문제가 발생한다는 말이죠. 그러다 보면 점점 자기 생활은 뒷전이고 뭐가 만족인지 행복인지 모른 상태에서 시간이 흘러가는 거죠.
>
> — 40대 후반 기혼남성, 물류관리직

젊은 아버지와 어머니들 중에는 가족시간과 경제적 책임의 양가적 부담을 느끼다가 가족시간을 선택하여 이직하거나 의식적으로 근무시간을 조정한 경우도 있었다. 사기업이나 다른 직종에 있다가 공무원으로 자리를 옮긴 경우도 있었다.

> 가족과 보낼 시간이 없어서 고민을 많이 했거든요. 1년 전까지지는 가족과 함께하는 시간이 거의 없었어요. 일에만 매이다 보니 가족과 행복하지 않다는 생각을 하게 되었고, 일을 조절하기 시작한 거죠. 평일에 가급적이면 애가 저녁을 먹을 때쯤 들어와서 1시간 정도 같이 놀아주고 책도 읽어 주고 다시 회사에 나가고, 주말 중 하루는 꼭 쉬고요. 이렇게 조절하면 물론 하나는 잃게 되는 거겠죠. 시간은 한정되어 있으니까 모든 걸 가질 수는 없다는… 그래도 만족해요.
>
> — 30대 기혼남성, 변호사

> 저는 조금이라도 저녁시간을 확보하려고 아침에 새벽같이 출근을 하거든요. 새벽같이 출근하고 칼퇴근을 위해서 내 일이 남으면 안되니까 점심을 도시락으로 빨리 먹고 점심시간에도 막 일을 해요. 저녁에는 최대한 특별한 일이 없으면 칼퇴근을 하려고…
>
> — 30대 기혼여성, 사무직

저는 기준이 일보다는 아이들이죠. 좀 덜 벌어도 시간 보장 받아서 생활할 수 있는 것을 찾아서 고소득이 보장되는 다른 자리도 있지만 옮기지 않았어요.

— 30대 기혼남성, 호텔 근무

웹 프로그래머를 10년간 하다가 지금 회사로 이직했어요. 금전적인 부분은 떨어지지만 시간활용도가 커지고 그래서 애들과 얘기할 수 있는 시간도 많이 생겼어요. 30대 후반까지는 무조건 일이랑 돈만 쫓아다녔는데 지금은 돈이 있을 때는 있고 없을 때는 없긴 해도 마음이 편하고 가족과 시간을 보낼 수 있어서 좋아요.

— 40대 기혼남성, 사무직

공직에 있기 전에는 사기업에 다녔었는데 업무 스트레스도 심하고 근무시간이 너무 길어서 이직을 결심했어요, 지금은 아주 만족해요.

— 30대 기혼남성, 공무원

2) 자녀와 함께하는 시간

실제로 자녀와 함께하는 시간은 자녀의 나이나 부모의 근무환경, 혹은 응답자의 성별에 따라 차이가 났다. 대부분 남성들은 여성들에 비해 자녀와 함께할 수 있는 시간이 많지 않았고, 자녀가 어릴 때는 부모와 함께하는 시간이 많지만 자녀가 나이가 들면 자녀의 일정이 바빠져서 부모와 보내는 시간이 줄어드는 경향이 있다.

저 같은 경우는 주말에는 거의 가족이랑 있으면서 바람 쐬러 야외로 나가는 편이고요. 평일에는 저녁에 약속이 많은 편인데 줄이려고 노력하고 있어요.

— 30대 기혼남성, 영업직

주말에는 캠핑을 가거나 여기저기 가려고 해요. 남편이 사회복지사인데 엄청 늦게 퇴근해요. 평일에는 거의 보기 힘들고 주말에 야외로 나가거나 가끔 미리 계획해서 가족여행을 가지요.

— 30대 기혼여성, 전업주부

아이들이 어렸을 때는 가족들이 같이 있는 시간이 많았는데 아이들이 20대가 되다보니 한 자리에 모여서 밥을 먹는 것도 힘들어요. 일주일에 한 번이라도 밥을 먹으면 다행이고요. 큰애는 거의 하숙생이에요. 새벽에 나갔다가 밤에 늦게 들어오고.

— 50대 기혼여성, 사무직

저희는 중학교 3학년 남자 쌍둥이다 보니 학원 다니느라 바쁘고 평일에는 같이 볼 시간이 별로 없어요. 주말에는 같이 운동(배드민턴)하면서 보내는 편이에요.

— 40대 기혼여성, 전업주부

저는 큰애가 고3이고 작은애가 중3인데 제가 고등학교 선생이라서 시간적 여유가 많잖아요. 그래서 1년에 2번씩, 방학이 있으니까 방학때 같이 여행가요. 비정기적으로도 주말에 시간이 맞으면 같이 공연을 보거나 운동경기 관람 등 가족과 여가시간은 꾸준히 잘 누리는 편이에요. 아무래도 제가 시간적 여유가 있어서 가능하지요.

— 40대 기혼남성, 교사

가족과 함께하는 식사시간도 자녀가 어리거나 퇴근시간이 일정한 경우에는 하루 한 끼, 혹은 2~3일에 한 번 정도 식사를 같이 하는 경우가 많지만 자녀가 커서 바쁘거나 응답자의 회사에서 야근이 많은 경우에는 가족과 함께 식사하는 시간도 매우 적었다.

> 저는 아이들이 아직 어려서 뭘 알까 싶기는 하지만 같이 식사를 하면서 스킨십도 하고 얘기도 하고 그런 게 중요할 것 같거든요. 그래서 거의 매일 저녁에 일찍 퇴근해서 같이 밥을 먹으려고 노력하죠.
>
> — 30대 기혼남성, 호텔 근무

> 집이 회사랑 가까워서 평균적으로 2~3일에 한 번 정도는 다 같이 밥을 먹는 것 같아요. 아침은 시간대가 잘 안 맞고 저녁에 같이 먹기가 쉽죠. 주말에는 가급적 같이 외식을 하려고 하고요.
>
> — 30대 기혼남성, 변호사

> 주말에나 같이 식사하죠. 애들이 커서 결혼은 안 했어도 독립했는데, 주말에는 같이 시장가서 장보면서 밥도 먹고 얘기도 하고.
>
> — 50대 기혼남성, 외국계 회사

> 평일에는 남편은 교대근무라서 같이 식사를 할 수가 없고, 애들은 과외 선생님이 오거나 학원 때문에 시간이 안 맞아요. 아이들은 아이들대로 알아서 챙겨먹고 남편은 밖에서 먹고. 주말에는 같이 식사하는 편이죠.
>
> — 40대 기혼여성, 전업주부

직장이 멀어서 새벽에 출근하기 때문에 아침은 절대 같이 먹을 수 없는 상황이고요. 저녁도 제가 대부분 회사에서 먹고 오거든요. 큰애는 학원 때문에 외부에서 먹거나 저녁에 늦게 와서 먹고, 작은애는 학원 때문에 5시쯤 저녁을 먹어요. 그럼 와이프가 상을 2번, 3번 차려야 하니까 제가 와서 밥을 먹는 것도 민망할 때가 있어요. 그래서 지금은 거의 식사를 같이 못하죠.

— 40대 기혼남성, 연구원

자녀와 함께 식사를 하는 시간에 대해서는 관계형성이나 자녀의 인격발달에 도움이 된다는 긍정적인 생각을 하는 응답자가 많았다. 따라서 의식적으로라도 자녀와 함께 식사하는 시간을 늘리려고 노력하는 예도 있었다.

저희는 일주일에 하루만, 한 번만 가족이 같이 보내는 시간을 만들었어요. 애들이 커가면서 대화가 없어지잖아요(현재 19살, 17살). 같이 있는 시간도 없어지고. 그래서 일주일에 하루 2~3시간만 가족의 시간으로 정했어요. 같이 밥 먹으면서 얘기하는 시간으로. 각자 일정을 이 시간만큼은 비우기로 약속했고, 약속을 어기면 용돈을 안 준다든지 벌금을 낸다든지 하는 방식으로 2~3년 하다보니 이제 익숙해지고 모두 그 시간을 좋아하게 되었어요. 자연스럽게 사소한 얘기까지 하게 되고요.

— 40대 기혼남성, 무역사무직

가족 여행을 간 거예요. 그런데 대화가 없잖아요. 고스톱이나 치자

해서 고스톱 치고, 볼링 치자 해서 볼링 치고 그래도 대화가 없어요. 서로 대화하는 시간이 없었으니 서먹서먹해가지고… 부모 자식이라도 어떻게든 같이 밥도 먹고 같이 보내는 시간을 어릴 때부터 꾸준히 했어야 서로 친해지는데, 그러지 못하다 보니 애들이 컸는데 할 말이 없어요.

— 50대 기혼여성, 무역업

밥상머리 교육이라는 게 중요한 것 같고 가족이 같이 밥을 먹으면서 모이고 얘기할 수 있는 시간이어서 좋은데 지금은 잘 안 되네요.

— 40대 기혼남성, 연구원

자연스럽게 얘기를 할 수 있는 시간적인 여유가 없으면 대화가 단절되니까. 어릴 때 부모와 관계가 자연스럽지 못한 상태에서 자라왔기 때문에 자녀와 얘기를 한다는 게 더 쉽지 않은 것 같아요.

— 40대 기혼남성, 사무직

애들하고 아침은 같이 먹자는 주의거든요. 가끔씩 자느라 못 일어나는 경우도 있지만 대부분은 아침을 같이 먹어요. 아침 먹으면서 얘기도 하고 가끔 잔소리도 하는데, 그래서 밖에서 예의가 바르다, 인성이 잘 갖추어졌다는 소리를 듣는 게 아닌가 싶어요.

— 40대 기혼남성, 공무원

정서형성에 가족이 중요한 것 같아요. 같이 보내는 시간이 많다는 건 정서형성이나 감정적인 부분에 있어서 가족이라는 게 어떤 거구나, 딱히 말이 없어도 가족의 사랑이 느껴질 수 있는 거 아닐까 싶어요. 그런 게 많이 쌓이면 쌓일수록 서로 관심을 가지게 되고 의무적이 아니라 마음이 가서 할 수 있게 되는데, 그게 결국 같이하는 시간 때문인 것 같아요.

— 30대 기혼남성, 변호사

담당업무나 부처에 따라 약간의 차이는 있지만 상대적으로 정시퇴근이 가능한 공무원의 경우는 가족과 함께 보내는 시간이나 개인의 여가활동시간이 많은 편이었다. 자녀가 바빠서 함께 시간을 보낼 수 없는 경우가 대부분이었다.

다 같이 먹는 건 아기 때나 가능하죠. 저도 이제 애들이 다 고등학생이에요. 같이 저녁을 먹는 건 주말에, 일요일 저녁은 무조건 같이 먹자하고. 토요일도 대부분 같이 먹어요.

— 40대 기혼남성, 공무원

저는 주말부부인데 막내가 중학생이고 큰애가 고3이에요. 토요일 저녁 9시에 큰애가 학원에서 와요. 그래서 그 시간을 무조건 가족이 같이 밥 먹는 시간으로 잡았어요.

— 40대 기혼여성, 공무원

농촌에 거주하는 경우는 가족 간 식사시간이 다른 것에 대해서 자연스럽게 생각하면서 크게 의미를 부여하지 않는 경향을 보였다. 응답자 6명 모두 "일에 따라 식사시간이 다르고 식사시간이 따로 정해져 있는 것이 아니라 일이 끝나는 시간이 식사시간"이라는 점을 들어 가족이 각자 식사하는 것에 대해서 자연스럽게 받아들였다. 또한 농촌에 거주하거나 60대 이상은 여가생활에 대한 개념이 약하거나 문화적 뒷받침이 부족한 경우가 대부분이었다.

> 시골에서는 여가가 없어요. 같이 일하는 게 여가시간이죠. 겨울에나 좀 시간이 있을까 농사철에는 여가시간이라는 게 없어요.
>
> — 60대 기혼여성, 농업

> 시골에서 여가 즐길 공간이 어디 있어요? 공간이 없잖아요. 시골에는. 목욕을 할 수가 있어요, 운동을 할 수가 있어요. 따뜻할 때 어쩌다 한 번씩 동네에서 만들어 놓은 공터에서 운동이나 하면 몰라도…
>
> — 60대 기혼남성, 농업

> 여가생활이란 것은 자기 취미를 살려서 독서나 운동같은 것을 하는 건데 시골에서는 그냥 저녁에 앉아서 수다 떠는 것을 여가생활로 받아들일 수밖에 없어요. 남자들은 친구들하고 소주 한 잔 하는 게 전부고.
>
> — 60대 기혼남성, 농업

> 여가를 즐기는 것도 사실 교육이거든요. 그런데 그런 교육을 우리는 못 받았어요. 학교에서도 공부만 하라고 했지 노는 교육을 못 받았거든요. 그러니까 놀 줄 모르는 거에요.
>
> — 50대 기혼남성, 은행 다니다 퇴직

> 저는 지금까지 직장생활을 했어요. 그래서 여가활동을 할 줄 몰라

> 요. 안 해봤기 때문에. 직장에 갔다가 집에 오면 씻고 애들 밥 먹이고 챙기고 자다 보니까 시간이 없고, 놀 줄도 몰라서 못 놀아요.
>
> — 50대 기혼여성, 영업직

3) 개인시간에 대한 열망

대부분의 응답자들은 가족과 함께하는 시간의 중요성을 인식하면서도 한편으로는 자기만의 시간을 가지고 싶은 열망도 표출하였다. 자녀가 어린 경우는 일과 육아에 정신없이 쫓기다 보니 혼자만의 시간을 가져보고 싶다는 생각을 가지고, 자녀가 성장한 경우에는 자신의 취미생활이나 배우자와 함께하는 시간을 가지고자 노력하는 모습을 보였다.

> 저는 제가 하는 일에 나름 만족하고 결혼을 해서 아기도 있고 하니까 참 만족하는 편인데, 저도 사람이잖아요. 가족과 있는 시간도 좋지만 저만의 시간이 없다는 것. 그런 부분에 대해서 참 답답함을 느껴요. 와이프도 마찬가지겠지만 일을 하고 집에 와서는 육아와 가사를 하다 보니까 가끔 이런 생각을 해요. 집에 일주일만 혼자 있으면 좋겠다… 혼자만의 시간을 갖고 제가 하고 싶은 것을 한다든지, 편안하게 누워서 TV를 본다든지 그런 시간이 일주일에 하루라도 주어진다면 더 행복할 텐데…
>
> — 30대 기혼남성, 영업직

> 저도 개인적인 시간을 보내고 싶은 게 커서 가끔 나 자신을 잃어버리고 사는 게 아닌가… 어쩌다 집사람이 애 둘 데리고 친정으로 가면 퇴근하고 대여섯 시간 혼자 있는 시간이 너무 좋죠. 그런 시간이

온전하게 하루 종일, 아침부터 밤까지 보장된다면…

— 30대 기혼남성, 호텔 근무

애들 키우느라 정신없이 보내다 보니 자기 생활을 못하게 되고 행복한지 아닌지도 모르게 되는 거죠.

— 40대 기혼남성, 사무직

저도 아이들과 가족과 지내는 게 제일 행복해요. 그래도 가끔 나를 위한 보상을 해주고 싶다 생각이 들 때가 있어요. 그럴 때는 혼자 외식을 하거나 영화를 봐요.

— 40대 기혼남성, 사무직

개인시간을 보내고 싶다는 열망은 육아와 일에 쫓기는 20~40대 젊은 층에게서 두드러지게 나타났고, 50대 이상의 응답자들은 가급적 배우자와 시간을 보내는 것을 늘리려 하거나 개인의 취미활동을 찾아보려는 노력을 보였다. 흥미로운 것은 50대 이상 여성 응답자들은 가사 혹은 직장일 이외에도 혼자 보내거나 친구들과 보내는 시간이 나름대로 짜여져 있는 반면, 50대 이상 남성들은 직장을 제외하고는 특별히 혼자 보내거나 친구들과 보내는 시간이 많지 않은 것으로 보였다. 배우자에 대한 의존도나 함께 시간을 보내고 싶어하는 마음이 남성에게서 더 많이 관찰되었다.

애들이 20대가 되다보니 부부가 같이 지내는 시간이 많아졌어요. "아들들 장가가고 나면 끝이야. 부부밖에 없어"라고 하면서 같이 영화보고 여행하고 같이 지내는 시간이 많아졌고 서로 잘 지내려고 노력하죠.

— 50대 기혼여성, 사무직

저는 10년 동안 남편과 주말부부를 했어요. 그러다 같이 지내게 돼서 너무 불편했어요. 저는 남편 없이 친구들도 많고 같이 놀러 다닐 사람도 많은데 남편은 친구도 별로 없고 일 끝나면 저만 보니까 불편하더라고요. 요즘은 남편이 집안일도 도와주고 같이 영화도 보자고 하고 좀 변했어요. 남자들이 변하네요.

— 50대 기혼여성, 사무직

미혼남녀들은 부모님과 같이 살더라도 부모님과 여가시간을 보내는 것보다는 혼자 시간을 보내거나 친구들과 시간을 보내는 것을 선호하는 경향이 있었다. 혼자 식사하거나 혼자 여가를 즐기는 활동 자체가 익숙하고 오히려 편하게 생각하는 것으로 보였다. 특히 결혼문제로 부모님과 갈등을 겪는 미혼남녀의 경우는 그러한 경향이 더 두드러졌다.

4) 행복의 기준

그렇다면 응답자들이 생각하는 행복의 기준은 무엇일까? 행복하기 위해서는 무엇이 필요할까? 응답자들은 대부분 자신이 얼마나 행복한지 1점부터 10점까지 점수를 주라는 질문에 5~6점 정도의 중간 점수를 주었다. 특별히 불행하다고 느끼는 것은 아니지만 각자의 상황에서 아쉬움이 있거나, 남과 비교했을 때 상대적인 박탈감을 느끼기 때문인 것으로 보였다. 혹은 현재 생활에서는 만족감을 느끼지만 노후에 대한 불안감이나 자녀들의 미래에 대한 불안감 때문에 자신의 행복감을 평가할 때 높은 점수를 주지 못한다고 응답한 경우도 있었다.

다만 농촌지역에 사는 응답자들은 상대적으로 행복감을 덜 느끼는 것으로 보였다. 지역의 복지시설 부족, 낮은 소득수준, 노후와 미래에 대한 불안감 때문인 것으로 생각된다. 낙후된 지역일수록 별도의 여가시설이나 복지시설이 없어서 소외감도 심하게 느꼈다.

> 특별히 농촌에서 살면서 느끼는 행복을 찾는다면 저 같은 경우에는 0점이에요. 찾을 수 있는 것이 하나도 없어. 일 끝나고 그나마 친구들하고 술 한 잔 먹는 것 외에는 즐거움이 없어.
>
> — 60대 기혼남성, 농업

> 다른 물가는 오르는데 농사짓는 소득은 내려가요. 그러니까 보람도 없고 몸만 더 아프고 안 행복해요.
>
> — 60대 기혼여성, 농업

> 아직도 시골로 들어가면 가스가 들어와요, 수도가 들어와요, 인터넷도 없고. 교통도 안좋죠. 지금 먹고 살기도 힘드니 노후 대책은 없고. 복지정책도 돈이 있는 동네라면 몰라도 돈이 없는 동네는 별 거 없어요.
>
> — 50대 기혼여성, 농업

일반적으로 40~50대는 행복의 조건으로 건강이나 여가, 배우자와의 관계 혹은 개인의 취미생활을 꼽았다. 몇몇 응답자들은 자신의 행복을 위해서 취미생활을 찾으려 적극적으로 노력을 한 경우도 있었다. 이는 어느 정도 자녀들이 성장하고 안정적인 단계에 접어들었기 때문인 것으로 생각된다.

> 젊을 때는 일의 성취 때문에 여가라는 건 생각이 없었는데 나이가 들면서는 일의 성취보다는 개인적인 취미생활을 즐기는 것에 성취를 느끼는 것 같아요.
>
> — 40대 미혼여성, 사무직

> 나이가 들면서는 건강이 중요하고 가족과 동반자적 느낌을 가지면서 지내는 것이 행복의 조건인 것 같아요.
>
> — 50대 기혼남성, 외국계 회사

> 행복은 주관적인 거잖아요. 나이가 들수록 얼마나 집사람과 잘 지내느냐가 중요한 것 같아요.
>
> — 60대 기혼남성, 자영업

> 저는 우울한 기간이 있었어요. 50대 들어서 안정기에 접어들었는데 신랑이 더 바빠지는 거예요. 친구들은 다 직장 다니고 저 혼자 가정주부예요. 그래서 제가 좋아하는 게 뭔지 알아봤더니 사진 찍는 걸 좋아하더라고요. 그래서 사진 찍는 걸 배우면서 행복해졌어요.
>
> — 50대 기혼여성, 전업주부

> 저는 경제적인 것이 중요하다고 생각해요. 경제적인 것이 전부는 아

니지만 경제적인 여유가 있어야 행복함을 느낄 수 있을 것 같아요.

— 40대 기혼남성, 교사

반면 20~30대 젊은층은 경제력의 중요성을 강조하는 경우도 있었지만, 행복의 조건으로 시간적 여유나 자신이 좋아하는 일을 언급하는 등 다양한 응답이 나타났다. 어린 자녀들을 교육시키고 경제적인 안정을 추구하기 위해서 노력하는 나이이기 때문에 기본적으로 경제적인 중요성에 대해서 공감하면서도 가족과 함께하는 시간, 개인시간 등을 추가적으로 언급하였다.

자기가 추구하는 가치와 부합되는 일을 할 때가 가장 행복한 것 같아요. 경제적인 걸 추구하면 경제적인 이점이 있는 일을 하면 행복할 거고 시간적인 여유를 추구하는 사람이면 그게 많이 확보되는 직업을 선택하면 행복하겠죠. 저는 돈도 중요하지만 가족과 함께 하는 시간이 있을 수 있는 게 행복한 것 같아요.

— 30대 기혼남성, 변호사

자기가 좋아하는 일과 가족의 사랑 두가지 다 중요한 것 같아요.

— 30대 기혼여성, 전업전부

대기업에 다닌다고 다 행복한 건 아닌 것 같아요. 업무량이 많다 보니까. 제가 보기에는 기본적으로 돈도 필요하지만 인생을 즐길 수 있는 시간도 필요한 것 같아요.

— 30대 기혼남성, 사무직

응답자들 모두 각자의 상황에서 많은 갈등과 어려움을 경험하고 미래에 대한 불안감을 가지지만, 끊임없이 행복을 추구하기 위한 자신만의 기준을 찾으려 고민하고 있는 것으로 생각된다.

4. 소결

이 장에서는 10세 미만의 자녀와 함께하는 다양한 여가활동 및 식사시간이 부모의 삶의 만족도와 피곤함에 어떤 영향을 미치는지 살펴보았다. 기본적으로 자녀와 함께하는 여가활동시간은 하루 평균 10분 미만으로 미미했다. 식사시간과 미디어 활용시간이 상대적으로 높은 편이지만, 이 역시 성별 차이는 있으나 자녀와 함께하는 시간이 그다지 길지 않았다. 어쩌면 10세 미만 자녀들은 부모의 양육 관련 시간이 많이 요구되기 때문에 양육시간과 여가시간의 명확한 분리가 어려울 수 있다. 또한 기본적인 양육시간이 길어서 상대적으로 여가활동을 함께 할 여지가 많지 않을 수 있다.

자녀와 함께하는 여가활동 및 식사시간이 삶의 만족도와 피곤함에 미친 영향을 살펴보기 위해서는 다양한 통제변수를 활용하였다. 삶의 만족도란 여러 가지 측면을 종합적으로 평가한 결과라는 점을 인식하여, 기존 연구들을 통하여 삶의 만족도에 영향을 미치는 것으로 밝혀진 연령, 취업 여부, 가구소득, 주관적 건강상태, 교육수준과 같은 개인의 사회인구학적 변수는 통제변수로 활용하였다. 이 연구의 초점인 자녀와 함께 보낸 다양한 여가활동시간이 주요 독립변수로 활용되었고, 10세 미만 어린 자녀를 가진 부모들만을 대상으로 하였다는 특징을 반영하여 가사분담만족도 역시 독립변수로 활용하였다.

우선적으로 부모의 삶의 만족도에 공통적으로 영향을 미치는 요인을 살펴보면, 가구소득, 주관적 건강상태, 교육수준, 가사분담만족도와 시간부족에 대한 인식이다. 이 중 교육수준은 부모의 삶의 만족도에 모두 긍정적인 영향을 미치는데, 아버지는 4년제 대학졸업 이상만 삶의 만족도에 긍정적인 영향을 미치는 반면 어머니는 전문대 졸업과 4년제 대졸 이상 모두 고졸 이하보다 삶의 만족도가 높은 것으로 나타났다. 이는 일반적인 남녀 간 교육수준 차이의 결과를 반영한 것으로 보인다.

통제변수 중 어린 자녀 수는 어머니의 삶의 만족도에만 영향을 미치는 것으로 나타났다. 즉 어린 자녀 수가 많을수록 어머니의 삶의 만족도가 높아졌다. 이는 자녀의 존재 자체는 삶의 만족감에 긍정적인 영향을 미친다는 기존 연구들의 결과와 유사한 맥락에서 이해될 수 있다. 이러한 효과가 어머니에게만 나타난다는 것은 자녀의 존재가 차지하는 의미가 성별에 따라 다를 수도 있다는 점을 시사한다.

주된 독립변수 중에서는 가사분담만족도와 시간부족에 대한 인식이 모두 부모의 삶의 만족도에 영향을 미쳤다. 가사분담만족도가 높을수록 삶의 만족도가 높아지지만, 시간이 부족하다는 인식을 많이 할수록 삶의 만족도는 낮아졌다. 자녀와 함께하는 여가활동시간은 부모의 삶의 만족도에 영향을 미치지 않았다. 혼자 하는 여가활동시간 역시 어머니의 삶의 만족도에는 영향을 미치지 않지만, 아버지의 삶의 만족도에는 부정적인 영향을 미쳤다. 앞서 언급한 바와 같이 자녀와의 여가활동시간이 부모의 삶의 만족도에 영향을 미치지 않은 이유는 첫째, 어린 자녀들이기 때문에 양육에 요구되는 시간이 많아서 여가활동을 함께 할 시간 자체가 많지 않고, 둘째, 아직 자녀가 어려서 여가활동을 함께 한다고 해도 이것 역시 부모의 끊임없는 관심과 양육, 돌봄을 요구하는 부담스러운 활동일 수 있기 때문인 것으로 생각된다.

부모의 피곤함에 영향을 미치는 요인은 삶의 만족도에 영향을 미치는 요인과 다르다. 가령 취업 관련 변수는 남녀 모두 피곤함에 영향을 미치며, 여성의 경우에만 소득이 높고 교육수준이 높을수록, 어린 자녀 수가 많을수록 피곤함을 더 느낀다. 여성의 경우에는 어린 자녀 수가 많으면 삶의 만족도는 높아졌으나 피곤함은 더 느끼는 것으로 나타났는데, 이는 자녀가 지니는 이중적인 효과를 보여준다. 주관적 건강상태가 좋으면 남녀 모두 피곤함을 덜 느낀다. 그 외에는 아버지의 경우 자녀와 여가시간이 길면 피곤함을 덜 느끼는 것으로 나타났는데, 이는 반대로 덜 피곤하기 때문에 자녀와 보내는 여가시간이 길 수도 있다는 점에서 좀 더 세밀한 분석이 요구된다.

어머니의 경우에는 가사분담만족도가 피곤함에 유의미한 영향을 미쳤으며 이는 어린 자녀로 인한 양육과 가사부담이 여성에게 집중되기 때문에 가사분담만족도가 피곤함을 낮추는 효과는 여성에게 두드러지게 나타나는 것으로 보인다. 자녀와 함께하는 여가활동시간은 피곤함에 전혀 영향을 미치지 않았으나, 자녀와 함께하는 식사시간이 길어지면 피곤함이 줄어드는 경향이 나타났다.

결과적으로 자녀와 함께하는 여가활동 및 식사시간은 부모의 삶의 만족도나 피곤함에 큰 영향을 미치지 않는 것으로 보인다. 가사분담만족도가 아버지와 어머니 모두의 삶의 만족도 및 여성의 피곤함에 유의미한 영향을 미치는 것으로 볼 때, 어린 자녀가 있는 가정에서는 자녀양육과 이로 인한 집안일의 부담이 여전히 주요한 이슈인 것을 알 수 있다.

총 42명을 대상으로 초점집단면접(focus group interview)을 실시한 결과 중 32명의 기혼남녀 응답만을 집중적으로 살펴보았더니 몇 가지 공통적인 의견이 관찰되었다.

첫 번째는 일-가정 양립 딜레마이다. 많은 응답자들이 일-가정 양립을 경험하고 있었고, 이런 경향은 자녀양육이 집중되는 시기인 30~40대 응답자들에게 두드러졌다. 여전히 자녀양육의 많은 부분은 여성에게 집중되었으나 남성들 역시 최대한 일과 가정을 양립하기 위해 노력하는 모습을 보였다. 소수의 경우에는 출퇴근 일정을 조절하거나 시간적 여유가 있는 직업으로 이직하는 경우도 있었다. 그러나 일-가정 양립이 원활히 이루어지지 않는 경우는 본인과 배우자 모두 갈등이나 어려움을 겪는 것으로 보였다.

반면 50~60대 응답자들은 자녀들이 어느 정도 성장했기 때문에 젊은 층처럼 일-가정 양립으로 고민하거나 어려움을 경험하지는 않으나, 과거에 일 때문에 가족과의 시간이 적었던 점을 아쉬워하는 경향이 있었다. 혹은 정신없이 앞만 보고 지내온 삶을 후회하면서 자신을 위한 시간을 가지고 배우자와 시간을 보내는 등 가족과의 시간을 확보하기 위하여 노력하는 모습을 보였다.

자녀와 보내는 시간은 전반적으로 많지 않은 편이었다. 특히 남성은 자녀와 함께 보내는 시간이 주말 정도로 한정되는 경우가 대부분이었다. 나이가 들면 자녀의 일정이 바빠져서 함께하는 시간이 적었다. 소수의 응답자들은 자녀와 함께하는 시간을 늘리기 위해서 아침만은 같이 먹기로 한다든지, 1주일에 단 몇 시간만이라도 정기적으로 가족과 함께하는 시간을 보내는 식으로 노력을 하였다. 농촌에 사는 60대 이상 응답자들은 자녀와 따로 살기 때문에 함께하는 시간이 많지 않았고, 기본적으로 일이 끝나는 시간을 식사시간으로 여기며 따로 식사시간이 정해져 있지 않은 경우가 많았다. 여가라는 개념 자체도 약했으며, 시간이 있어도 다양한 활동을 할 기회가 없었다.

가족과 함께하는 시간을 늘리기 위해서 노력을 하는 모습과 동시에 많은 응답자들은 개인시간을 가지고 싶다는 열망을 가지고 있었다. 특히 20~40대 젊은 응답자들에게서 이런 경향이 두드러졌는데 육아와 일이 집중되는 시기이다 보니 정신없이 바쁘게 지내는 생활 속에서 자기 혼자만의 시간을 보내고 싶다는 응답이 많았다. 50대 이상의 응답자들은 자녀가 성장했으니 이제는 자신을 위한 취미활동을 해보고 싶다는 경우가 있었으며, 50대 이상 남성들은 배우자와 함께하는 시간을 늘리려 하거나 배우자에 대한 의존도가 상대적으로 높게 나타났다.

행복의 조건에 대해서는 다양한 응답이 나타났다. 기본적으로는 경제력의 중요성을 공통적으로 꼽았으며, 경제적 여유뿐 아니라 시간적 여유도 있어야 한다는 응답과 자기가 하고 싶은 일을 하는 것이 행복의 조건이라는 의견도 있었다. 연령이 높아질수록 건강이 행복의 중요한 조건으로 나타났고, 대부분의 의견은 연령과 관계없었다. 개인적으로 생각하는 행복의 조건이 약간씩 다르더라도 나름대로 각자의 상황에서 자신의 기준에 맞게 행복을 추구하기 위해 노력하는 것으로 보인다.

Ⅵ. 노인들이 함께 보내는 시간

VI. 노인들이 함께 보내는 시간

1. 배우자 유무에 따른 고령집단의 시간사용실태

이제부터 고령집단의 시간사용실태를 살펴본다. 먼저 배우자가 있는 고령집단의 시간사용실태의 결과는 다음과 같다. 부인이 있는 남성노인이 하루 중 혼자서 식사를 하는 시간은 26.4분이며 배우자와 함께 식사를 하는 시간은 79.3분이다. 반면 가사노동의 경우 혼자서 하는 시간은 41.7분이며 배우자와 함께하는 시간은 11.6분이다. 여가와 관련된 시간사용을 보면, 가장 많은 시간을 보내는 활동이 미디어 이용이다. 혼자서 미디어를 이용하여 여가를 보내는 시간은 180.4분이며 배우자와 함께하는 시

그림 18 배우자가 있는 65세 이상 남성노인들의 시간사용

(단위: 분)

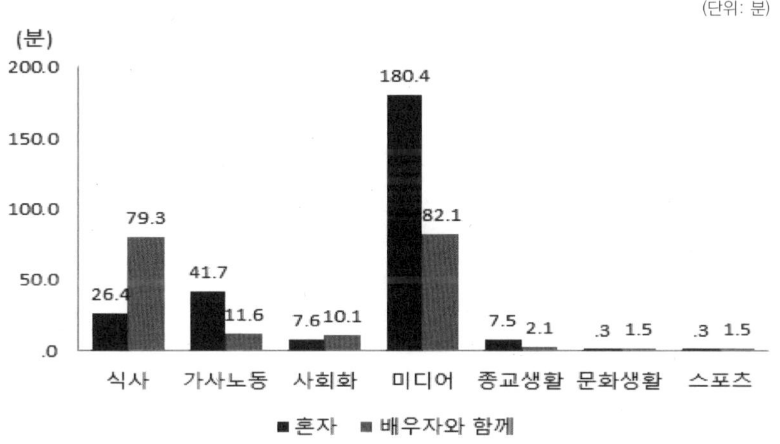

간은 82.1분이다. 교류 등 사회활동을 혼자서 하는 시간은 7.6분이고, 배우자와 함께하는 시간은 10.1분이다. 그 이외에 종교활동을 혼자서 하는 시간은 7.5분이며 배우자와 함께하는 시간은 2.1분이다.

배우자가 있는 남성노인의 경우에 혼자서 하는 활동 중 시간이용이 가장 많은 활동은 미디어 이용이며, 혼자보다 배우자와 함께 사용하는 시간이 많은 활동은 식사하기와 교류 등 사회활동이다.

한편, 배우자가 있는 여성노인들의 시간사용에 대한 응답 내용은 〈그림 19〉와 같다. 남편이 있는 여성노인의 경우 하루 중 혼자서 식사를 하는 시간은 20.4분이며 배우자와 함께 식사를 하는 시간은 79.2분이다. 반면 가사노동의 경우 혼자서 하는 시간은 201.7분이며 배우자와 함께 하는 시간은 14.0분이다. 식사는 부부 모두 혼자서보다는 함께 하는 시간이 훨

그림 19 배우자가 있는 65세 이상 여성노인들의 시간사용

(단위: 분)

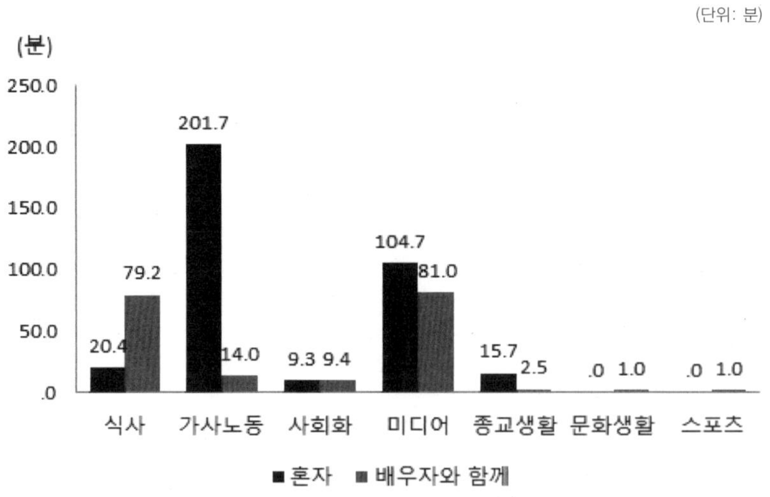

씬 긴 데 비해 가사노동은 부부 모두 혼자 하는 시간이 훨씬 길고 여성노인의 경우는 모든 활동시간 중 가장 길다.

여가와 관련된 시간을 보면, 미디어 이용의 경우 혼자서는 104.7분을 사용하고 배우자와 함께는 81.0분을 사용한다. 배우자가 있는 65세 이상 여성노인은 배우자가 있는 65세 이상 남성노인에 비해 혼자 미디어를 활용할 때와 부부가 함께 미디어를 사용하는 시간의 격차가 적게 나타난다. 종교활동에 혼자서 사용하는 시간은 15.7분이며 배우자와 함께 사용하는 시간은 2.5분이다.

〈그림 20〉에서 배우자가 없는 고령집단의 남녀별 시간사용실태를 살펴보겠다. 하루 중 혼자서 식사를 하는 시간은 남성노인은 69.5분, 여성노인은 58.0분이다. 가사노동에 사용하는 시간은 남성노인은 107.3분, 여성

그림 20 배우자가 없는 65세 이상 남녀노인들의 시간사용

(단위: 분)

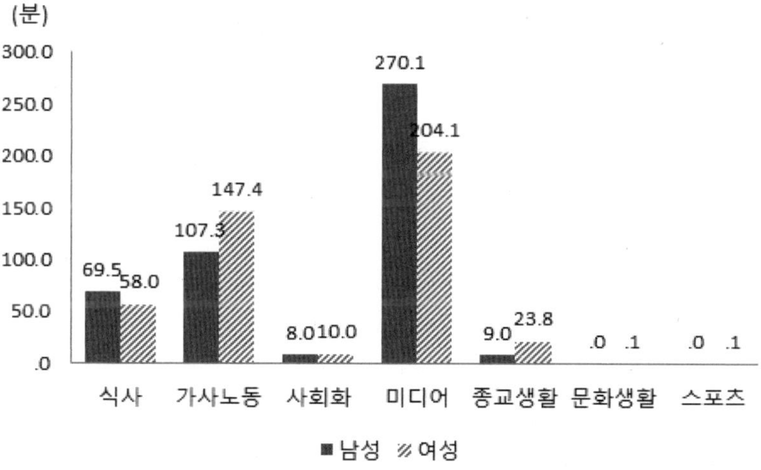

노인은 147.4분이다. 이를 배우자가 있는 고령집단과 비교해보면, 아내가 있는 남성노인들이 혼자서 가사노동에 투여하는 시간보다 많아 가사노동시간이 2배 이상이다. 아무래도 배우자가 없으니 혼자서 처리하는 가사노동이 늘어난다. 반면 남편이 있는 여성노인들에 비해 혼자서 하는 가사노동시간이 줄어서 한 시간 정도가 적었다.

그런데 여가활동 중 미디어 이용으로 보내는 시간은 배우자가 있는 고령집단에 비해서 두 배 정도 더 많다. 배우자가 없는 남성노인들은 하루 중 270.1분을 혼자서 TV시청 등의 미디어 이용에 소비한다. 여성노인도 204.1분으로 배우자가 있는 경우보다 더 많은 시간을 미디어에 사용한다.

흥미로운 부분은 배우자가 없는 여성노인의 경우 종교활동에 사용하는 시간이 배우자가 있는 경우에 비해 두드러지게 많아서 하루 중 23.8분을 사용하는 것으로 나타난다.

2. 각 고령자집단의 특성별 시간사용실태 차이

1) 배우자가 있는 남성노인

배우자가 있는 남성노인의 개인특성별 시간사용실태를 보면, 연령이 높아질수록 혼자 식사하는 시간보다는 배우자와 함께하는 식사시간이 늘어난다. 그런데 연령이 높아질수록 미디어 사용시간은 눈에 띄게 많아진다. 혼자서 미디어를 사용하는 시간은 65~74세 노인집단은 175.2분이

그림 21 배우자가 있는 남성노인의 연령별 식사와 미디어 시간사용

(단위: 분)

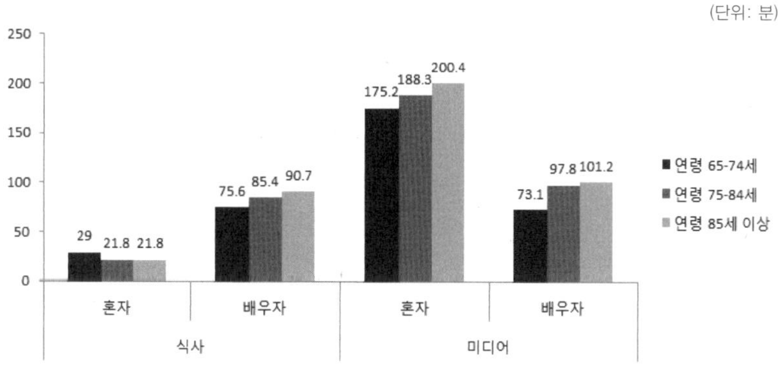

그림 22 배우자가 있는 남성노인의 건강상태별 식사와 미디어 시간사용

(단위: 분)

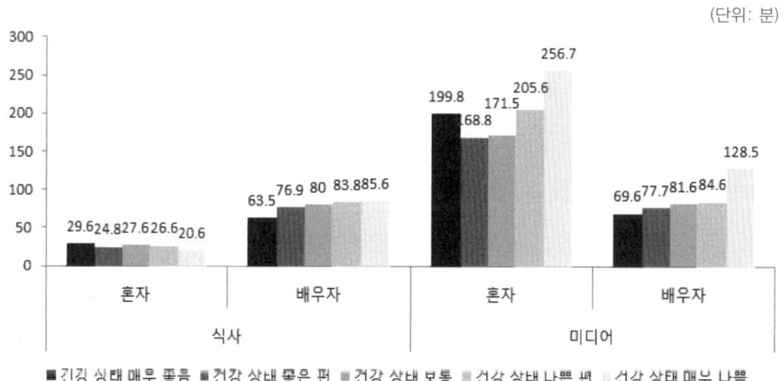

고, 85세 이상 노인집단은 200.4분이다. 배우자와 함께 미디어를 이용하는 시간도 65~74세 노인집단은 73.1분에서 85세 이상 노인집단은 101.2분으로 늘어난다.

표 32 배우자가 있는 남성노인의 개인특성별 시간사용

(단위: 분)

		배우자가 있는 남성노인													
		식사		가사		사교		미디어		종교생활		문화생활		스포츠	
		혼자	배우자	혼자	배우자	혼자	배우자	혼자	배우자	혼자	배우자	혼자	배우자	혼자	배우자
연령	65~74세	29.0	75.6	40.2	10.3	8.5	10.8	175.2	73.1	5.8	1.6	0.3	1.2	0.3	1.2
	75~84세	21.8	85.4	44.6	14.2	6.3	8.6	188.3	97.8	9.6	2.8	0.3	2.0	0.3	2.0
	85세 이상	21.8	90.7	40.9	12.3	1.9	11.2	200.4	101.2	17.0	4.2	0.0	0.0	0.0	0.0
교육수준	초졸 이하	23.2	78.0	43.4	11.3	5.5	8.9	181.8	84.5	5.1	1.5	0.8	0.0	0.8	0.0
	중졸 이하	27.8	81.8	38.3	8.6	7.9	9.7	169.5	78.9	4.6	1.8	0.1	1.7	0.1	1.7
	고등학교 재학 이상	28.3	79.2	41.9	13.4	9.1	11.3	184.4	81.8	10.7	2.7	0.0	2.5	0.0	2.5
지역	동부	21.2	80.7	43.9	12.9	5.5	8.4	154.7	70.5	3.0	2.1	0.0	1.5	0.0	1.5
	읍 · 면부	27.9	79.0	41.0	11.3	8.2	10.6	187.9	85.5	8.7	2.1	0.4	1.5	0.4	1.5
건강상태	매우 좋음	29.6	63.5	36.9	17.2	4.1	10.6	199.8	69.6	27.8	8.1	0.0	7.8	0.0	7.8
	좋은 편	24.8	76.9	43.7	11.6	8.0	12.7	168.8	77.7	6.6	2.9	0.0	1.5	0.0	1.5
	보통	27.6	80.0	41.6	11.1	8.2	9.5	171.5	81.6	8.2	1.3	0.6	1.4	0.6	1.4
	나쁜 편	26.6	83.8	44.7	12.4	6.9	8.1	205.6	84.6	4.5	2.1	0.1	0.6	0.1	0.6
	매우 나쁨	20.6	85.6	14.6	9.6	3.0	5.6	256.7	128.5	0.0	0.0	0.0	0.0	0.0	0.0
경제활동	일을 하였음	27.5	71.2	33.6	9.2	6.9	8.7	130.1	60.4	5.0	2.4	0.3	1.4	0.3	1.4
	휴가 및 일시 휴직	25.8	70.8	60.8	21.7	4.2	8.3	213.3	92.5	0.0	0.0	0.0	0.0	0.0	0.0
	일을 하지 않았음	25.6	85.6	47.5	13.4	8.1	11.2	217.6	98.3	9.4	1.9	0.3	1.5	0.3	1.5
직종	관리직/전문직	20.4	75.0	24.8	4.2	10.6	7.7	146.7	44.4	11.5	0.0	0.0	4.4	0.0	4.4
	사무직	22.1	69.6	41.7	8.3	5.8	11.3	104.2	70.8	.4	11.7	0.0	.0	0.0	0.0
	서비스직	38.2	62.0	25.2	3.3	6.3	8.0	115.1	42.1	9.8	1.8	0.0	.0	0.0	0.0
	단순 노무직	35.5	57.1	26.7	5.8	8.5	8.0	121.7	55.5	4.5	2.3	0.9	.8	0.9	0.8
	농업	20.1	83.6	42.9	14.7	5.3	9.3	142.9	72.1	3.2	2.2	0.0	1.7	0.0	1.7
주택형태	단독주택	24.8	79.0	47.0	11.3	6.4	10.1	172.2	78.7	6.2	1.7	0.5	1.5	0.5	1.5
	아파트	27.9	82.0	32.0	14.0	9.7	8.8	193.8	86.3	10.7	3.0	0.0	1.6	0.0	1.6
	연립/다세대 주택	31.4	74.2	37.1	6.3	7.9	12.2	184.2	91.3	5.3	1.3	0.0	1.0	0.0	1.0
	기타	30.0	66.8	37.1	8.9	8.9	22.1	195.7	76.4	.7	2.1	1.4	0.0	1.4	0.0
주택소유	자가	26.0	79.9	42.0	11.4	7.5	10.3	179.4	82.6	7.2	2.0	0.2	1.6	0.2	1.6
	전세	25.9	88.9	37.1	12.9	8.5	10.6	188.9	89.5	12.3	5.5	0.0	0.0	0.0	0.0
	월세	32.9	60.9	40.1	13.3	6.0	7.2	177.7	66.0	5.5	0.3	2.3	0.0	2.3	0.0
	무상주택	27.3	75.5	42.7	14.5	10.3	8.8	200.9	81.8	7.9	0.0	0.0	3.3	0.0	3.3
월평균 가구 소득	100만 원 이하	22.5	83.6	43.2	13.2	6.1	10.5	190.8	105.8	8.7	2.0	0.7	1.0	0.7	1.0
	100~200만 원	27.6	78.9	46.0	9.8	7.6	9.1	179.6	74.8	6.0	1.8	0.1	1.1	0.1	1.1
	200~300만 원	26.1	76.4	36.1	15.9	8.2	12.3	164.3	72.4	6.2	2.4	0.4	2.1	0.4	2.1
	300~400만 원	28.0	78.1	42.0	8.1	9.3	9.6	190.4	69.6	9.6	2.4	0.0	0.6	0.0	0.6
	400~500만 원	32.8	76.1	39.8	9.9	12.4	9.1	153.5	63.4	9.4	4.7	0.0	3.5	0.0	3.5
	500~600만 원	27.0	80.9	26.6	16.2	7.7	18.9	189.6	70.6	7.2	0.0	0.0	6.8	0.0	6.8
	600~700만 원	39.1	72.7	48.2	7.3	0.5	3.6	192.3	107.7	11.4	0.0	0.0	0.0	0.0	0.0
	700만 원 이상	29.8	70.8	21.0	8.0	6.9	4.5	172.9	62.0	5.7	2.4	0.0	1.8	0.0	1.8
전체		26.4	79.3	41.7	11.6	7.6	10.1	180.4	82.1	7.5	2.1	0.3	1.5	0.3	1.5

연령과 높은 상관성을 보이는 건강상태에 따른 결과를 보면, 건강상태가 나쁘다고 응답한 경우일수록 배우자와 함께 식사하는 시간과 혼자 미디어 사용을 하는 시간이 많아진다. 건강상태가 나쁘다고 응답한 배우자 있는 남성노인이 혼자 미디어를 사용하는 시간은 하루 중 256.7분으로 평균보다 매우 높아 네 시간 반 가까이 되었다. 한편 건강상태가 좋은 배우자가 있는 남성노인이 혼자서 종교활동을 하는 시간은 평균보다 높은 27.8분이었다. 경제적 상태에 따른 시간사용실태를 보면, 자가가 전세에 비해서 월세에 거주하는 경우에 혼자 식사하는 시간이 32.9분으로 평균보다 길게 나타났다.

2) 배우자가 있는 여성노인

배우자가 있는 여성노인의 개인특성별 시간사용실태를 보면, 남성노인과 마찬가지로 연령이 높아질수록 혼자 식사하는 시간보다는 배우자와 함께하는 식사시간이 늘어난다. 흥미로운 점은 연령이 높아질수록 활동에 사용하는 시간이 적어지는 편인데 85세 이상 여성노인집단에서는 배우자와 함께 하는 사교활동에 21.5분을 사용해 평균보다 두드러지게 많다.

남성노인만큼은 아니지만 여성노인도 연령이 높아질수록 미디어 사용시간은 눈에 띄게 많아진다. 혼자서 미디어를 사용하는 시간은 65~74세 노인집단은 103.5분이고, 85세 이상 노인집단은 149.2분이다. 배우자와 함께 미디어를 이용하는 시간도 65~74세 노인집단은 75.8분에서 85세 이상 노인집단은 118.5분으로 늘어난다.

그림 23 배우자가 있는 여성노인의 연령별 식사, 사교, 미디어 시간사용

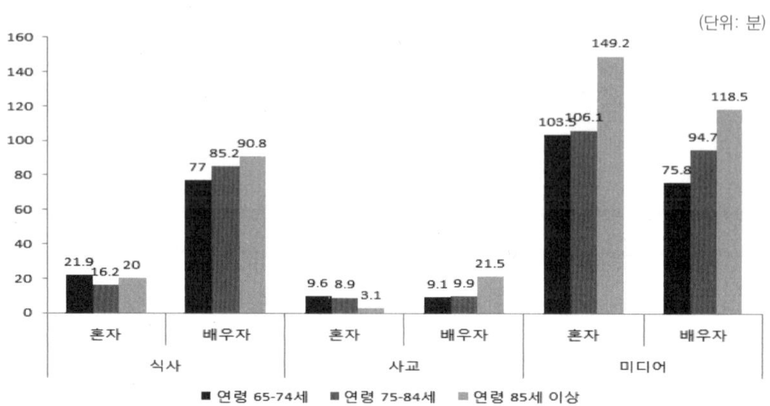

그림 24 배우자가 있는 여성노인의 건강상태별 가사, 미디어 시간사용

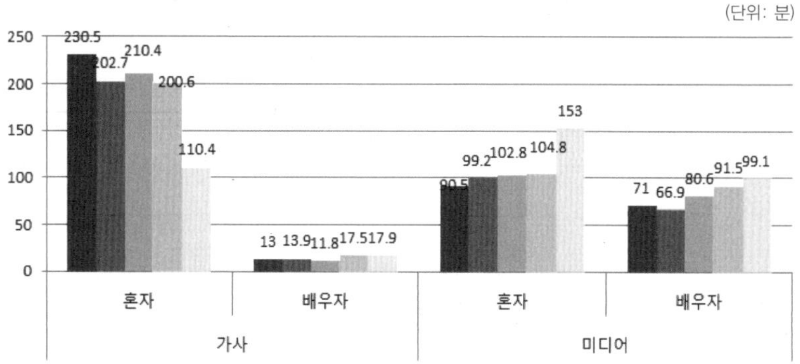

교육수준이 높은 편인 배우자가 있는 여성노인의 경우에 종교활동에 사용하는 시간이 25.0분으로 평균보다 높게 나타났다.

연령과 높은 상관성을 보이는 건강상태에 따른 결과를 보면, 건강상태가 나쁘다고 응답한 여성노인의 경우 혼자서 가사활동에 사용하는 시간이

표 33 배우자가 있는 여성노인의 개인특성별 시간사용

(단위: 분)

		배우자가 있는 여성노인													
		식사		가사		사교		미디어		종교생활		문화생활		스포츠	
		혼자	배우자	혼자	배우자	혼자	배우자	혼자	배우자	혼자	배우자	혼자	배우자	혼자	배우자
연령	65~74세	21.9	77.0	204.8	13.8	9.6	9.1	103.5	75.8	15.6	2.1	0.0	1.0	0.0	1.0
	75~84세	16.2	85.2	193.6	15.0	8.9	9.9	106.1	94.7	16.4	3.6	0.0	0.8	0.0	0.8
	85세 이상	20.0	90.8	180.0	10.8	3.1	21.5	149.2	118.5	6.9	5.4	0.0	0.0	0.0	0.0
교육수준	초졸 이하	18.1	80.1	201.3	13.9	7.3	9.5	96.7	87.1	12.3	1.5	0.0	0.2	0.0	0.2
	중졸 이하	25.8	76.0	213.1	14.7	10.1	8.4	122.3	76.7	17.3	1.5	0.0	0.5	0.0	0.5
	고등학교 재학 이상	22.8	79.2	192.5	14.0	14.8	10.2	113.4	65.6	25.0	6.5	0.0	3.9	0.0	3.9
지역	동부	22.7	78.8	202.7	13.2	10.5	9.9	115.8	84.1	18.5	3.0	0.0	1.3	0.0	1.3
	읍 · 면부	13.2	80.5	198.6	16.9	5.5	8.0	69.5	71.0	7.1	0.9	0.0	0.1	0.0	0.1
건강상태	매우 좋음	21.5	66.5	230.5	13.0	11.0	11.0	90.5	71.0	20.0	4.0	0.0	0.0	0.0	0.0
	좋은 편	19.6	82.6	202.7	13.9	9.1	9.4	99.2	66.9	22.8	5.1	0.0	2.8	0.0	2.8
	보통	20.3	78.5	210.4	11.8	9.9	9.0	102.8	80.6	13.5	1.1	0.0	0.8	0.0	0.8
	나쁜 편	18.9	80.0	200.6	17.5	8.7	10.5	104.8	91.5	13.2	2.6	0.0	0.0	0.0	0.0
	매우 나쁨	33.7	70.4	110.4	17.9	7.9	8.1	153.0	99.1	15.3	1.4	0.0	0.0	0.0	0.0
경제활동	일을 하였음	18.3	73.0	179.1	12.9	6.7	8.1	64.9	59.4	9.2	1.1	0.0	0.7	0.0	0.7
	휴가 및 일시 휴직	0.0	90.0	210.0	0.0	30.0	20.0	90.0	80.0	0.0	0.0	0.0	0.0	0.0	0.0
	일을 하지 않았음	21.3	81.7	210.9	14.5	10.4	10.0	120.8	89.7	18.4	3.1	0.0	1.1	0.0	1.1
직종	관리직/전문직	43.8	81.3	196.3	35.0	0.0	1.3	95.0	37.5	5.0	0.0	0.0	0.0	0.0	0.0
	사무직	50.0	45.0	195.0	0.0	5.00	0.0	175.0	0.0	0.0	0.0	0.0	0.0	0.0	0.0
	서비스직	27.2	58.9	142.0	4.1	10.0	9.3	60.4	42.6	13.9	1.1	0.0	3.9	0.0	3.9
	단순 노무직	19.7	69.8	169.4	9.1	7.8	7.7	72.1	64.0	10.3	1.7	0.0	0.3	0.0	0.3
	농업	12.8	79.9	197.3	17.6	5.3	8.5	58.7	63.5	7.2	0.7	0.0	0.0	0.0	0.0
주택형태	단독주택	18.3	79.1	202.7	14.3	7.9	10.1	90.1	79.2	13.8	1.8	0.0	0.9	0.0	0.9
	아파트	24.4	79.1	205.3	15.7	12.5	8.5	128.8	83.2	20.5	2.8	0.0	1.2	0.0	1.2
	연립/다세대 주택	23.7	82.1	191.3	5.7	8.3	8.9	114.0	84.9	14.6	6.6	0.0	0.0	0.0	0.0
	기타	11.9	73.3	147.6	11.0	9.0	4.3	151.4	86.2	6.2	2.9	0.0	3.3	0.0	3.3
주택소유	자가	19.7	79.7	203.0	13.8	9.5	9.4	101.6	79.4	16.3	2.5	0.0	1.0	0.0	1.0
	전세	21.0	85.7	204.6	15.3	7.5	11.5	124.2	96.4	10.1	4.9	0.0	0.0	0.0	0.0
	월세	28.8	68.5	187.4	18.3	10.0	9.4	129.4	86.2	15.2	0.0	0.0	0.0	0.0	0.0
	무상주택	24.5	69.4	183.9	9.7	5.2	5.2	108.1	86.8	11.6	1.0	0.0	3.5	0.0	3.5
월평균 가구 소득	100만 원 이하	18.6	81.7	199.4	14.7	7.4	10.1	103.6	103.4	18.4	1.3	0.0	0.5	0.0	0.5
	100~200만 원	21.7	77.5	210.3	13.5	10.7	8.6	106.9	77.4	10.1	2.1	0.0	0.8	0.0	0.8
	200~300만 원	20.9	75.5	201.6	14.8	10.8	9.9	99.5	62.8	12.6	4.4	0.0	1.0	0.0	1.0
	300~400만 원	18.6	81.9	202.2	13.5	11.5	10.6	97.7	67.7	27.8	3.2	0.0	0.8	0.0	0.8
	400~500만 원	24.0	80.2	188.6	9.2	4.2	10.4	130.8	40.2	25.6	8.4	0.0	0.0	0.0	0.0
	500~600만 원	21.1	85.0	176.1	17.5	6.4	11.4	90.0	66.4	14.3	1.8	0.0	5.0	0.0	5.0
	600~700만 원	33.3	75.6	170.0	5.6	10.0	8.9	136.7	52.2	18.9	0.0	0.0	0.0	0.0	0.0
	700만 원 이상	22.0	74.7	171.0	18.7	10.3	3.0	103.7	76.7	15.3	0.3	0.0	7.7	0.0	7.7
전체		20.4	79.2	201.7	14.0	9.3	9.4	104.7	81.0	15.7	2.5	0.0	1.0	0.0	1.0

급격하게 줄어든다. 건강상태가 매우 좋다고 응답한 여성노인이 하루 중 가사노동에 230.5분을 사용하는 데 반해서 건강상태가 매우 나쁘다고 응답한 배우자 있는 여성의 경우 하루 중 110.4분을 혼자 가사활동에 사용하는 것으로 나타났다.

경제적 상태에 따른 시간사용실태를 보면, 자가가 전세에 비해서 월세에 거주하는 경우에 배우자가 있는 여성노인이 혼자 식사하는 시간이 28.8분으로 평균보다 길게 나타났다.

3) 배우자가 없는 남성노인

배우자가 없는 남성노인의 개인특성별 시간사용실태를 보면, 연령이 높아질수록 가사시간에 사용하는 시간이 줄어든다. 한편 연령이 높아질수록 미디어에 사용하는 시간은 많아진다. 85세 이상의 혼자 사는 남성노인의 경우 혼자 미디어를 사용하는 시간이 하루 중 337.9분으로 조사되었다. 그리고 85세 이상 배우자가 없는 남성노인이 종교활동에 사용하는 시간이 30.8분으로 평균보다 눈에 띄게 많은 것을 볼 수 있다.

한편 배우자가 없는 남성노인의 교육수준에 따른 미디어 사용시간은 약간 줄어드는 모습이 보인다.

건강상태에 따른 시간사용실태를 보면, 건강상태가 나빠질수록 혼자 하는 식사시간이 늘어난다. 가사활동에 사용하는 시간도 건강상태가 나쁠수록 늘어난다. 건강상태가 나쁜 배우자 없는 남성노인의 경우 혼자서 식사와 가사활동을 할 수밖에 없는 시간이 늘어나는 것으로 파악된다. 그리고 건강상태와 미디어 사용시간을 보면, 배우자가 있는 고령집단보다 더

그림 25 배우자가 없는 남성노인의 연령별 가사, 미디어, 종교 시간사용

(단위: 분)

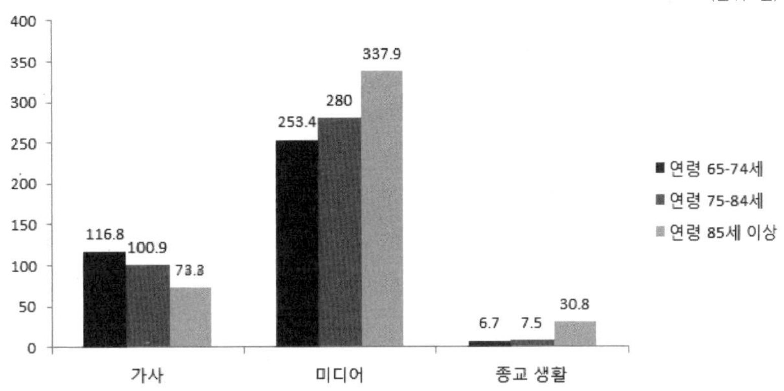

그림 26 배우자가 없는 남성노인의 건강상태별 식사, 가사, 미디어, 종교 시간사용

(단위: 분)

많은 시간을 사용하는 것으로 나타난다. 건강상태가 나쁜 배우자가 없는 남성노인은 하루에 미디어에 사용하는 시간이 342.2분이나 된다. 본 분석에서의 비교집단 중 시간사용량이 가장 많다.

건강상태에 따른 종교활동 사용시간은 흥미로운 결과를 보이는데, 건

표 34 배우자가 없는 남성노인의 개인특성별 시간사용

(단위: 분)

		배우자가 없는 남성노인						
		식사	가사	사교	미디어	종교생활	문화생활	스포츠
		혼자	혼자	혼자	혼자	혼자	혼자	혼자
연령	65~74세	68.1	116.8	7.3	253.4	6.7	0.0	0.0
	75~84세	71.8	100.9	9.3	280.0	7.5	0.0	0.0
	85세 이상	69.2	73.3	6.3	337.9	30.8	0.0	0.0
교육수준	초졸 이하	69.9	118.3	7.1	279.1	8.6	0.0	0.0
	중졸 이하	71.3	92.5	8.7	262.3	2.9	0.0	0.0
	고등학교 재학 이상	67.8	99.2	8.8	261.1	13.3	0.0	0.0
지역	동부	70.2	104.7	8.2	272.8	9.5	0.0	0.0
	읍 · 면부	62.9	131.4	6.1	246.1	4.6	0.0	0.0
건강상태	매우 좋음	54.5	55.5	8.2	201.8	0.0	0.0	0.0
	좋은 편	68.0	101.9	9.4	205.7	30.6	0.0	0.0
	보통	67.9	111.3	6.8	294.7	2.6	0.0	0.0
	나쁜 편	74.2	108.8	10.0	271.5	3.7	0.0	0.0
	매우 나쁨	87.8	130.0	2.2	342.2	32.2	0.0	0.0
경제활동	일을 하였음	71.7	117.0	6.9	214.8	0.4	0.0	0.0
	휴가 및 일시 휴직	110.0	20.0	0.0	260.0	0.0	0.0	0.0
	일을 하지 않았음	68.6	104.5	8.3	288.8	12.0	0.0	0.0
직종	관리직/전문직	76.7	63.3	6.7	363.3	0.0	0.0	0.0
	사무직	50.0	110.0	0.0	40.0	0.0	0.0	0.0
	서비스직	52.0	102.0	14.0	86.0	6.0	0.0	0.0
	단순 노무직	75.6	106.3	5.6	218.3	0.0	0.0	0.0
	농업	70.9	143.6	7.7	227.3	0.0	0.0	0.0
주택형태	단독주택	64.1	119.4	7.3	264.6	4.4	0.0	0.0
	아파트	74.1	92.9	8.0	250.8	18.0	0.0	0.0
	연립/다세대 주택	83.3	88.5	11.2	349.7	7.0	0.0	0.0
	기타							
주택소유	자가	64.2	111.0	7.8	248.9	11.8	0.0	0.0
	전세	66.3	96.1	7.8	309.3	3.3	0.0	0.0
	월세	83.1	108.3	9.1	296.8	8.3	0.0	0.0
	무상주택	78.5	97.7	4.6	258.5	0.0	0.0	0.0
월평균 가구 소득	100만 원 이하	78.0	118.5	8.6	287.3	10.1	0.0	0.0
	100~200만 원	58.4	121.8	5.7	246.6	7.0	0.0	0.0
	200~300만 원	60.9	101.9	7.8	260.6	4.1	0.0	0.0
	300~400만 원	48.9	65.6	2.2	237.8	0.0	0.0	0.0
	400~500만 원	46.3	42.1	10.0	243.7	22.6	0.0	0.0
	500~600만 원	97.5	40.0	12.5	320.0	0.0	0.0	0.0
	600~700만 원	75.0	72.5	15.0	187.5	0.0	0.0	0.0
	700만 원 이상	27.5	32.5	0.0	120.0	0.0	0.0	0.0
전체		69.5	107.3	8.0	270.1	9.0	0.0	0.0

강상태가 좋은 편과 나쁜 편인 경우에 종교활동에 사용하는 시간이 다른 집단보다 많다. 특이하게 이 두 집단이 종교활동에 사용하는 시간이 30분이 넘는 것으로 조사되어 평균값을 훨씬 웃돈다.

주택 소유에 따른 시간사용실태 중 눈에 띄는 내용은, 미디어 사용시간이다. 자가의 경우 미디어에 사용하는 시간이 248.9분으로 평균보다 적은 시간이었고, 전세와 월세의 경우는 미디어에 이용하는 시간이 평균보다 많아서 309.3분, 296.8분이었다.

4) 배우자가 없는 여성노인

배우자가 없는 여성노인의 개인특성별 시간사용실태를 보면, 남성노인과 마찬가지로 연령이 높아질수록 가사활동에 사용하는 시간은 점차 줄어든다. 반면 혼자서 미디어를 사용하는 시간은 연령이 높아질수록 많아진다. 남성노인과 다른 점은 연령이 높아질수록 종교활동에 사용하는 시간이 줄어든다는 것이다. 남성노인은 85세 이상의 고연령집단의 경우, 종교활동에 사용하는 시간이 평균보다 훨씬 많아지는 데 반해 여성노인은 85세 이상 고연령집단은 종교활동에 사용하는 시간이 평균보다 적은 14.1분이다.

교육수준별 시간사용실태를 보면, 사교를 통한 사회활동에 사용하는 시간은 교육수준이 높을수록 많아지고, 종교활동에 사용하는 시간도 교육수준이 높아질수록 많아진다. 배우자가 없고 중졸과 고등 이상의 교육수준을 가진 여성노인의 경우 종교활동에 사용하는 시간이 40분을 넘는 것으로 조사되었다.

그림 27 배우자가 없는 여성노인의 연령별 가사, 미디어 시간사용

(단위: 분)

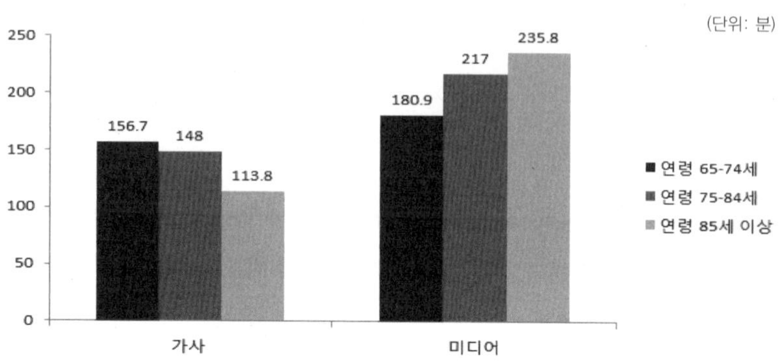

그림 28 배우자가 없는 여성노인의 건강상태별 미디어, 종교생활 시간사용

(단위: 분)

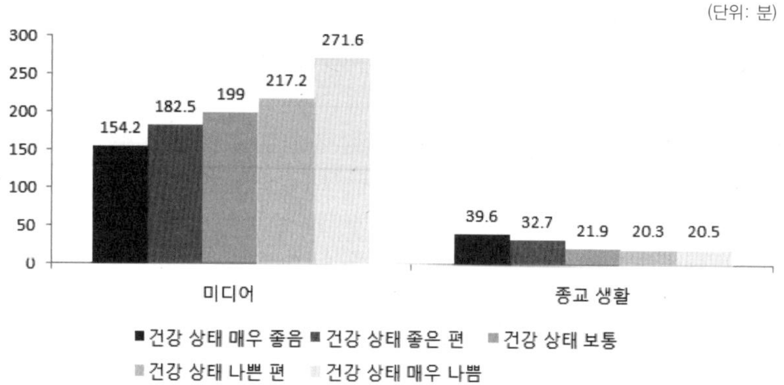

건강상태에 따른 시간사용실태는 남성노인과 유사한 경향을 보인다. 건강상태가 나쁠수록 가사활동에 사용하는 시간은 줄어든다. 반면 미디어에 사용하는 시간은 건강상태가 나쁠수록 늘어난다. 종교활동은 건강상태가 매우 좋은 편인 경우에는 39.6분으로 평균보다 많지만, 건강상태가 나빠질수록 줄어서 매우 나쁜 경우에 종교활동에 사용하는 시간이 평

표 35 배우자가 없는 여성노인의 개인특성별 시간사용

(단위: 분)

		배우자가 없는 여성노인						
		식사	가사	사교	미디어	종교생활	문화생활	스포츠
		혼자	혼자	혼자	혼자	혼자	혼자	혼자
연령	65~74세	57.0	156.7	11.0	180.9	25.7	0.2	0.2
	75~84세	60.3	148.0	9.8	217.0	24.4	0.0	0.0
	85세 이상	53.4	113.8	7.8	235.8	14.1	0.0	0.0
교육 수준	초졸 이하	56.8	147.8	9.1	205.3	20.0	0.1	0.1
	중졸 이하	61.1	152.6	13.5	180.7	40.6	0.0	0.0
	고등학교 재학 이상	66.7	137.0	15.8	218.4	43.6	0.2	0.2
지역	동부	59.2	146.9	10.3	209.7	25.6	0.1	0.1
	읍 · 면부	48.4	151.5	7.7	159.2	8.9	0.0	0.0
건강 상태	매우 좋음	51.9	159.6	11.2	154.2	39.6	0.0	0.0
	좋은 편	56.4	151.7	11.1	182.5	32.7	0.5	0.5
	보통	57.3	148.2	9.3	199.0	21.9	0.0	0.0
	나쁜 편	60.4	150.6	10.6	217.2	20.3	0.0	0.0
	매우 나쁨	59.1	104.7	9.1	271.6	20.5	0.0	0.0
경제 활동	일을 하였음	56.3	144.8	9.3	134.4	14.0	0.0	0.0
	휴가 및 일시 휴직	110.0	260.0	40.0	350.0	.0	0.0	0.0
	일을 하지 않았음	58.4	148.0	10.2	223.0	26.4	0.1	0.1
직종	관리직/전문직	78.8	132.5	3.8	116.3	56.3	0.0	0.0
	사무직	35.0	85.0	45.0	120.0	75.0	0.0	0.0
	서비스직	58.8	127.3	11.1	105.0	12.2	0.0	0.0
	단순 노무직	56.8	139.2	8.8	151.4	18.0	0.0	0.0
	농업	53.7	163.9	8.9	134.4	6.3	0.0	0.0
주택 형태	단독주택	56.6	151.2	9.1	196.3	16.8	0.1	0.1
	아파트	59.6	143.7	10.7	215.6	34.6	0.0	0.0
	연립/다세대 주택	63.3	139.2	13.2	219.0	34.5	0.0	0.0
	기타	46.7	105.3	15.3	182.0	16.0	0.0	0.0
주택 소유	자가	56.4	151.5	9.2	196.6	21.7	0.0	0.0
	전세	63.1	136.9	12.3	228.9	25.9	0.0	0.0
	월세	59.1	136.2	13.6	211.8	31.3	0.5	0.5
	무상주택	64.5	148.6	5.4	225.9	26.3	0.0	0.0
월평균 가구 소득	100만 원 이하	66.1	159.4	11.5	206.0	25.2	0.2	0.2
	100~200만 원	54.8	145.0	10.0	196.4	20.0	0.0	0.0
	200~300만 원	44.9	130.5	7.3	193.0	19.5	0.0	0.0
	300~400만 원	38.9	120.4	4.7	230.9	18.0	0.0	0.0
	400~500만 원	45.3	116.6	10.2	203.7	48.2	0.0	0.0
	500~600만 원	44.0	130.2	3.3	201.0	18.3	0.0	0.0
	600~700만 원	45.3	135.0	8.4	199.7	12.5	0.0	0.0
	700만 원 이상	42.8	111.3	10.7	195.2	20.0	0.0	0.0
전체		58.0	147.4	10.0	204.1	23.8	0.1	0.1

균보다 적은 20.5분이다.

경제적 수준과 시간사용실태에서 눈에 띄는 것은, 월평균 가구소득이 적은 100만 원 이하의 경우에 비교집단에 비해 식사시간과 가사활동시간이 약간 더 많다는 점이다.

3. 생활만족도에 영향을 미치는 요인

1) 배우자가 있는 남성노인

본 분석에서는 65세 이상 고령집단을 배우자 유무에 따라 나누고, 각 집단의 생활만족도에 영향을 미치는 요인들을 찾아보는 회귀분석을 수행하였다. 먼저 배우자가 있는 남성노인의 분석 결과를 보면, 연령은 모든 모형에서 생활만족도에 통계적 유의미한 영향이 없다. 그 외에 생활만족도에 긍정적인 개인적 특성요인은 교육수준과 월평균 가구소득, 건강상태가 좋은 경우이다.

한편, 지역에 있어서는 도시지역(동부)이 농촌지역(읍면) 노인들에 비해 생활만족도가 높다. 그 외에 피곤함은 배우자가 있는 남성노인에게 생활만족도에 부정적인 영향을 미치는 것으로 나타난다. 이러한 결과는 본 연구의 FGI 결과에서도 나타난다. 농촌에서 일하는 노인의 경우 신체적 고단함으로 삶의 만족도가 매우 떨어짐을 토로한다.

일하는데 여자들은 힘들어서 못 하겠어요. 나이가 드니까 힘이 들던데요. 농사를 안 해야 힘이 안 들 텐데 농사 하다 보면. 기계가 없으니까 우리는. 몸으로 해야 되기 때문에 힘들더라고요. … 지금 일손이 없어요. 기계 없으면 할머니들, 나이 드신 분들 외에는 일할 사람이 없어요. 젊은 사람들은 그런 일 하려고도 안 해요.

— 60대 여성, 장○○

시골에서도 대농 같은 경우에는 기계를 갖고 계시고 농사를 몇 만평 지으면 작업이 많잖아요. 외국 근로자 데려다 쓰고 기계화 하면서 쓰니까 본인은 편할 수가 있어요. 그런데 소농들. 우리같이 작게 시설 하우스 하는 사람들은 엄청 힘들죠. 가격도 엄청. 그리고 사람 인부 쓰는 게 힘들어요. 다 고령화 돼서 할머니들이라도 갖다 쓸 사람이 없어요. 부부가 할 수 없이 해야 되거든요. 그 일을 하다 보면 많은 농사 지을 수가 없고, 또 작게 하면 수익이 적고 그러다 보니까 없는 사람들은 점점 없이 살 수밖에 없어요. 잘 사는 사람들은 잘 살아지고 소농, 없이 사는 사람들은 계속 더 힘들고 더 어렵게 살 수밖에 없는 것이 우리 농촌 현실이에요

— 60대 남성, 김○○

하지만 성역할 인식은 생활만족도에 통계적으로 유의미한 영향이 보이지 않는다. 배우자가 있는 남성노인의 경우, 혼자서 시간을 사용하는 각각의 활동은 생활만족도에 유의미한 영향이 나타나지 않는다. 한편 배우자와 함께 사용하는 시간 중 생활만족도에 유의미한 영향을 미치는 활동은 유일하게 종교활동이다.

남성노인의 경우 집안에서 배우자나 다른 가족과 함께 하는 활동이 만

표 36 배우자가 있는 남성노인의 만족도 선형회귀분석(둘째날)

	모델1	모델2	모델3	모델4
연령	.038	.036	.036	.031
학력	.115***	.102***	.100***	.097***
지역(농촌)	−.097***	−.114***	−.112***	−.113***
가구소득	.114***	.121***	.121***	.122***
주관적 건강상태	.353***	.314***	.307***	.309***
피곤함		−.127***	−.135***	−.132***
성역할 인식		−.027	−.028	−.027
식사하기(혼자)			−.030	−.010
가사노동(혼자)			−.036	−.035
사회활동(혼자)			.013	.016
미디어 이용(혼자)			−.040	−.034
종교생활(혼자)			.029	.022
식사하기(배우자와 함께)				.025
가사노동(배우자와 함께)				.011
사회활동(배우자와 함께)				.008
미디어 이용(배우자와 함께)				.019
종교생활(배우자와 함께)				.047*
R^2	.184***	.198***	.201***	.202***
N	1,610	1,610	1,610	1,610

주: *p< .05, **p< .01, ***p< .001

족도에 그다지 긍정적이지 않다는 점을 토로하기도 한 FGI 결과가 이를 반영한다.

남자는 배제하거든요. 자기 울타리 안에서 남자들이 없거든. 나이가 들면 남자들이 경제력을 떠나서 그냥 집에 있는 사람. 어떻게 보면 집에서 불편한 사람. 이 정도밖에 생각 안 하는 거에요.

— 60대 남성, 이○○

2) 배우자가 있는 여성노인

배우자가 있는 여성노인의 생활만족도에 영향을 미치는 개인특성요인을 보면, 교육수준이 높을수록 건강상태가 좋을수록 생활만족도가 높은 것으로 나타난다. 배우자가 있는 남성노인집단과 마찬가지로 피곤함은 생활만족도에 부정적인 영향을 미친다.

그런데 배우자가 있는 여성노인의 경우 성역할 인식이 높을수록 통계적으로 유의미하게 생활만족도가 높은 것으로 나타나서 남성집단과 차이를 보인다.

한편 배우자가 있는 남성노인은 혼자서 하는 활동시간은 생활만족도에 영향을 미치지 않는 데 반해서, 여성노인은 혼자서 종교활동에 참여하는 시간이 통계적으로 유의미한 영향력을 나타낸다.

배우자와 함께한 시간의 영향력을 모델에 포함하면, 배우자가 있는 여성노인의 성역할 인식이 생활만족도에 미치는 영향력이 사라진다. 또한 혼자 하는 종교활동의 시간사용도 생활만족도에 미치는 긍정적 영향력이 더 이상 나타나지 않는다.

반면, 배우자와 함께한 가사활동과 종교활동시간은 생활만족도에 긍정적인 영향을 나타낸다. 흥미로운 부분은 배우자가 있는 여성노인이 남

표 37 배우자가 있는 여성노인의 만족도 선형회귀분석(둘째날)

	모델1	모델2	모델3	모델4
연령	.048	.048	.047	.052
학력	.112***	.108***	.103**	.092**
지역(농촌)	−.023	−.044	−.041	−.035
가구소득	.047	.054	.054	.047
주관적 건강상태	.343***	.272***	.266***	.261***
피곤함		−.192***	−.195***	−.196***
성역할 인식		.054*	.056*	.044
식사하기(혼자)			−.017	−.012
가사노동(혼자)			−.016	−.008
사회활동(혼자)			.033	.035
미디어 이용(혼자)			−.045	−.047
종교생활(혼자)			.053*	.042
식사하기(배우자와 함께)				.013
가사노동(배우자와 함께)				.082**
사회활동(배우자와 함께)				.038
미디어 이용(배우자와 함께)				−.073*
종교생활(배우자와 함께)				.087**
R^2	.143***	.177***	.181***	.199***
N	1,196	1,196	1,196	1,196

주: *p< .05, **p< .01, ***p< .001

편과 함께한 미디어 이용시간은 오히려 생활만족도에 부정적인 영향을 미치는 것으로 나타난다는 점이다.

3) 배우자가 없는 남성노인

배우자가 없는 남성노인의 생활만족도에 영향을 미치는 개인특성변수는 교육수준, 지역, 월평균 가구소득, 건강상태이다. 혼자 사는 남성노인의 경우 경제적 상황이 생활만족도에 중요한 요인이라고 하는 점은 FGI의 결과에도 나타난다.

표 38 배우자가 없는 남성노인의 만족도 선형회귀분석(둘째날)

	모델1	모델2	모델3
연령	.046	.046	.040
학력	.129*	.130*	.120*
지역(농촌)	–.131*	–.132*	–.137*
가구소득	.191**	.193***	.181***
주관적 건강상태	.350***	.307***	.289***
피곤함		–.131*	–.128*
성역할 인식		.087	.101
식사하기(혼자)			.017
가사노동(혼자)			–.045
사회활동(혼자)			.056
미디어 이용(혼자)			–.085
종교생활(혼자)			.088
R^2	.227***	.243***	.251***
N	282	282	282

주: *p< .05, **p< .01, ***p< .001

> 티비 보면 '나 혼자 산다' 혼자 사는 거 나오고, 충분히 가능성 있다, 그렇게 나오는데 혼자 사는 게 자기 혼자서 아무 것도 안 하고 살 수는 없는 거잖아요. 그 사람들은 그래도 어느 정도 수준이 되는 사람들이고 자기 아파트, 자기 집 갖고 얼마나 잘 꾸며 놨습니까. 그러면 충분히 혼자 살 수 있죠. … 그게 형편이 안 되면 어떻게 하겠습니까. 나 혼자서 어떻게 할 수가 없고 무슨 경제력이 있습니까? 연금 조금 나오죠. 불안한데 사회가 어떻게 돌아갈지. 이런 거 생각해 보면 여러 가지 불행지수가 높다고 생각하고 있어요.
>
> — 60대 남성, 신○○

지역에 있어서는 도시지역(동부)이 농촌지역(읍면) 노인들에 비해 생활만족도가 높다. 다른 고연령집단과 마찬가지로 피곤함은 생활만족도에 부정적인 영향을 미친다. 배우자가 없는 남성노인의 경우 혼자서 보내는 다양한 활동시간은 생활만족도에 큰 영향이 없는 것으로 나타난다.

4) 배우자가 없는 여성노인

배우자가 없는 여성노인의 생활만족도에 영향을 미치는 개인특성변수는 교육수준, 지역, 월평균 가구소득, 건강상태이다. 지역에 있어서는 도시지역(동부)이 농촌지역(읍면) 노인들에 비해 생활만족도가 높다.

다른 고연령집단과 마찬가지로 피곤함은 생활만족도에 부정적인 영향을 미친다. 배우자가 있는 여성노인의 경우 성역할 인식이 생활만족도에 영향력이 나타난 데 반해 배우자가 없는 여성노인의 경우 성역할 인식이 생활만족도에 유의미한 영향력이 나타나지 않는다.

표 39 배우자가 없는 여성노인의 만족도 선형회귀분석(둘째날)

	모델1	모델2	모델3
연령	.040	.020	.031
학력	.094***	.099***	.091**
지역(농촌)	-.064***	-.076**	-.075**
가구소득	.136***	.125***	.139***
주관적 건강상태	.317***	.269***	.254***
피곤함		-.158***	-.166***
성역할 인식		.016	.015
식사하기(혼자)			.029
가사노동(혼자)			.037
사회활동(혼자)			.003
미디어 이용(혼자)			-.063*
종교생활(혼자)			.051*
R^2	.137***	.159***	.166***
N	1,495	1,495	1,495

주: *p< .05, **p< .01, ***p< .001

한편, 배우자가 없는 여성노인은 배우자가 없는 남성노인에 비해 혼자 시 하는 활동 중 미디어 사용과 종교활동 시간이 생활만족도에 유의미한 영향을 미친다. 혼자서 미디어를 사용하는 시간이 많을수록 생활만족도가 떨어진다. 반면 종교활동에 사용하는 시간이 많을수록 생활만족도가 높아진다.

4. 소결

본 분석에서는 65세 이상 고령자를 대상으로 노인부부(독거)의 가족시간사용을 분석하였다. 이들의 생활시간 자료를 활용하여 삶의 질을 살펴보았다. 먼저 고령자집단의 배우자가 있는지 여부에 따라 집단 구분을 하였고, 각 집단을 다시 성별로 나눠서 특징을 제시하였다.

먼저 각 분석 집단의 특징을 보면, 배우자가 있는 고령자집단이 배우자가 없는 고령집단보다 고연령집단이다. 교육수준은 배우자가 있는 고령집단이 배우자가 없는 고령집단에 비해 더 높다. 일반적인 고령집단의 특징과 동일하게 남성노인집단이 여성노인집단에 비해서 교육수준이 더 높다. 건강상태는 남성노인에 비해서 여성노인이 안 좋으며, 배우자가 없는 고령집단이 건강상태가 좋지 않다.

배우자가 있는 고령집단의 경우 일을 하고 있는 비율이 배우자가 없는 집단보다 더 높았고, 주택을 소유하고 있는 비율에서도 배우자가 있는 고령집단과 배우자가 없는 고령집단 간의 차이가 나타났다. 배우자가 있는 고령층의 경우 자가의 비율이 더 높다. 배우자가 없는 고령집단 중 월평균소득이 100만 원 미만인 경우가 60% 가까이 되어 경제적 상황이 배우자가 있는 집단보다 낮았다.

한편 분석 대상 각 집단의 주관적 특성에서도 차이가 나타나는데, 성역할 인식은 여성노인집단이 남성노인집단보다 높게 나타났고, 배우자가 없는 고령집단이 더 높다. 시간부족에 대한 압박은 배우자가 있는 고령집단이 배우자가 없는 고령집단에 비해, 여성노인집단이 남성노인집단에 비해 더 크게 나타난다. 65세 이상 고령층의 피로함의 정도를 보면, 전반적으로 남성노인보다 여성노인이 피곤함을 더 많이 느끼는 것으로 나타났고, 배우자가 있는 경우가 그렇지 않은 경우에 비해 피곤함을 더 느끼는 것으로 나타났다. 배우자가 있는 고령집단이 시간압박을 받지만 시간사용에는 오히려 더 만족한다는 흥미로운 결과가 나타났다.

마지막으로 전반적인 생활만족도를 보면, 배우자가 있는 고령집단에서는 남성이, 배우자가 없는 고령집단에서는 여성이 생활만족도가 더 높게 나타났다.

시간사용 분석의 첫 번째 결과로 65세 이상 고령집단의 시간사용실태를 집단 비교해 보면, 배우자가 있는 남성노인의 경우에 혼자서 하는 활동 중 시간이용이 가장 많은 활동은 미디어 이용이며, 혼자 하는 시간보다 배우자와 함께하는 시간사용이 많은 활동은 식사하기와 교류 등 사회활동이다. 배우자가 있는 여성노인의 경우에는 식사는 부부 모두 혼자서보다는 함께하는 시간이 훨씬 긴 데 비해 가사노동은 부부 모두 혼자 하는 시간이 훨씬 길고 여성노인의 경우는 모든 활동시간 중 가장 길다.

배우자가 없는 고령집단의 남녀별 시간사용실태를 보면, 배우자가 없는 남성노인은 아내가 있는 남성노인들보다 혼자서 가사노동에 투여하는 시간이 많아 가사노동시간이 2배 이상이다. 반면 배우자가 없는 여성노인은 남편이 있는 여성노인들에 비해 혼자서 하는 가사노동시간이 줄어 한 시간 정도 감소하였다. 그런데 여가활동 중 미디어 이용으로 보내는 시간은 배우자가 있는 고령집단에 비해서 두 배 정도 더 많다.

두 번째 각 고령자집단의 특성별 시간사용실태 차이를 보면, 연령이 높아질수록 배우자와 함께하는 식사시간이 늘어나며 미디어 사용시간도 급격히 늘어난다. 연령과 높은 상관성을 보이는 건강상태에 따른 결과를 보면, 건강상태가 나쁘다고 응답한 경우일수록 배우자와 함께 식사하는 시간과 혼자 미디어 사용을 하는 시간이 많아진다.

교육수준이 높은 경우에 사교활동과 종교활동에 사용하는 시간이 비교적 많다. 또한 배우자가 없는 여성노인집단의 경우 종교활동에 사용하는 시간이 다른 비교집단에 비해 많다.

경제적 수준을 기준으로 보면, 자가의 경우보다 월세의 경우에 배우자 없이 혼자 식사하는 경우가 많다. 배우자가 없는 고령집단의 경우에는 경제적 수준이 낮은 경우에 미디어 이용시간이 길다.

세 번째 65세 이상 고령자집단의 생활만족도에 영향을 미치는 요인을 회귀분석을 통해 살펴본 결과는 다음과 같다. 본 분석에서는 65세 이상 고령집단을 배우자 유무에 따라 나누고, 각 집단의 생활만족도에 영향을 미치는 요인들을 찾아보는 회귀분석을 수행하였다. 배우자가 있는 남성노인의 경우에, 생활만족도에 긍정적인 개인적 특성요인은 교육수준과 월평균 가구소득, 건강상태가 좋은 경우이다. 지역에 있어서는 도시지역(동부)이 농촌지역(읍면) 노인들에 비해 생활만족도가 높다. 배우자가 있는 남성노인의 경우, 혼자서 시간을 사용하는 각각의 활동은 생활만족도에 유의미한 영향이 나타나지 않는다. 한편 배우자와 함께 사용하는 시간 중 생활만족도에 유의미한 영향을 미치는 활동은 유일하게 종교활동이다.

배우자가 있는 여성노인의 생활만족도에 영향을 미치는 개인특성요인을 보면, 교육수준이 높고 건강상태가 좋을수록 생활만족도가 높은 것으로 나타난다. 배우자가 있는 남성노인집단과 마찬가지로 피곤함은 생활만족도에 부정적인 영향을 미친다. 배우자가 있는 여성노인의 경우 성역할 인식이 높을수록 통계적으로 유의미하게 생활만족도가 높은 것으로 나타나서 남성집단과 차이를 보인다.

배우자가 있는 여성노인은 혼자서 종교활동에 참여하는 시간이 통계적으로 유의미한 영향력을 나타낸다. 배우자와 함께한 가사활동과 종교활동시간은 생활만족도에 긍정적인 영향을 나타낸다. 흥미로운 점은 배우자가 있는 여성노인이 남편과 함께한 미디어 이용시간은 오히려 생활만족도에 부정적인 영향을 미치는 것으로 나타난다는 점이다.

배우자가 없는 남성노인의 생활만족도에 영향을 미치는 개인특성변수는 교육수준, 지역, 월평균 가구소득, 건강상태이다. 지역에 있어서는 도시지역(동부)이 농촌지역(읍면) 노인들에 비해 생활만족도가 높다.

배우자가 없는 여성노인의 생활만족도에 영향을 미치는 개인특성변수는 교육수준, 지역, 월평균 가구소득, 건강상태이다. 지역에 있어서는 도시지역(동부)이 농촌지역(읍면) 노인들에 비해 생활만족도가 높다. 배우자가 없는 여성노인은 배우자가 없는 남성노인에 비해 혼자서 하는 활동 중 미디어 사용과 종교활동시간이 생활만족도에 유의미한 영향을 미친다. 혼자서 미디어를 사용하는 시간이 많을수록 생활만족도가 떨어진다. 반면 종교활동에 사용하는 시간이 많을수록 생활만족도가 높아진다.

Ⅶ. 결 론

VII. 결 론

1. 연구 결과

누구나 동일하게 주어지는 24시간이 현대인에게 매우 중요한 시간자원으로 인식되면서 시간을 어떻게 사용하느냐에 따라 삶의 질이 달라지는 문제임을 보편적으로 받아들이고 있다. 따라서 시간사용은 각 사회에 따라, 사용집단에 따라 매우 다양한 양상을 보일 수 있다. 이렇게 시간사용은 양적으로 측정이 가능하면서, 생활세계의 질적인 측면을 파악할 수 있는 내용이다.

본 연구에서는 시간사용이라는 유용한 자료를 분석에 활용하여 가족생활과 삶의 질의 양상을 파악하였다. 지금까지 가족생활과 삶의 질에 대한 연구는 가족 특성, 활동, 관계를 개별적 내용으로 분석하였는데, 본 연구는 가족생활의 각 연구 내용이 조형(造形)되어 나타나는 가족시간(family time)사용이라는 복합적 내용으로 연구를 확대하였다는 데 의의가 있다.

사회구성원의 삶의 질을 제고하기 위한 각 사회 일련의 움직임과 주장들에서 가족영역에서의 노력은 기본적으로 중요한 부분을 차지한다. 그런데 단순히 가족시간을 양적으로 늘리는 방법만으로는 가족생활의 질을 높일 수 없다. 본 연구 결과를 통해 가족시간사용에 대한 실질적인 파악이 가능하며, 이는 가족생활에 대한 사회문화적 지향과 정책적 대책을 마련하는 데 필요하다. 본 연구의 결과는 원만하고 행복한 가족생활을 위하여 가족구성원이 함께 또는 따로 시간을 효율적으로 사용함으로써 만족도를 높일 수 있는 정책적 함의를 제시한다.

먼저 각 집단별로 결과를 정리해보면 다음과 같다.

1) 10세 미만 자녀를 둔 부부

10세 이하 자녀가 있는 부부들은 하루 평균 2시간 식사를 한다. 여성과 남성의 성별 차이는 크지 않지만, 어린 자녀가 있는 경우 혼자가 아닌 남편과 부인이 함께 식사하는 시간이 더 많은 것으로 나타났다. 사회화에 보내는 시간을 보면, 남성보다 여성이 더 많은 시간을 사용하고 있고 미디어에 사용한 시간은 여성보다 남성이 더 많다. 식사시간, 미디어를 사용하는 시간, 종교활동은 부부의 시간부족에 영향을 미친다. 여성은 혼자 식사하는 시간이 늘수록 시간사용에 대해 여유를 느끼며 일상에서 얻는 피로감도 줄어든다. 혼자 미디어를 사용하는 시간은 여성과 남성 모두에게 삶에 대한 여유에 긍정적 영향을 미친다.

혼인과 출산 등 주요한 삶의 사건(life events)를 거쳐가면서 가족과 함께 보내는 시간은 더욱더 소중해져 가고 있다. 그래서 자녀를 둔 부부들은 되도록 많은 시간을 가족들과 보내려고 한다. 이들은 가족시간이 정서적 안정감을 높이며 가족관계에도 긍정적으로 작용한다고 생각한다. 그러나 기혼부부들은 일과 가족생활 양립에 매우 큰 어려움을 느끼고 있다. 또한 직장과 가족에 대한 책임이 커짐에 따라 개인시간을 소중히 여기는 경향도 엿보인다.

부모와 자녀가 함께하는 활동시간 중 식사시간과 미디어 활용시간은 상대적으로 높은 편이지만, 여가활동시간은 하루 평균 10분 미만으로 적은 편이다. 다만 10세 미만 자녀들은 부모의 양육 관련 시간을 많이 요구하기 때문에 양육시간과 여가시간의 명확한 분리가 어려울 수 있다. 또한 기본적인 양육시간이 길어서 상대적으로 여가활동을 함께 할 여지가 많지 않을 수 있다.

자녀와 함께하는 여가활동 및 식사시간이 삶의 만족도와 피곤함에 미친 영향의 분석 결과를 보면, 부모의 삶의 만족도에 공통적으로 영향을 미치는 요인은 가구소득, 주관적 건강상태, 교육수준, 가사분담만족도와 시간부족에 대한 인식이다. 통제변수 중 어린 자녀 수는 어머니의 삶의 만족도에만 영향을 미치는 것으로 나타났다. 즉 어린 자녀 수가 많을수록 어머니의 삶의 만족도가 높아졌다. 이는 자녀의 존재 자체는 삶의 만족감에 긍정적인 영향을 미친다는 기존 연구들의 결과와 유사한 맥락에서 이해할 수 있다. 그러나 이러한 효과가 어머니에게만 나타난다는 것은 자녀의 존재가 차지하는 의미가 성별에 따라 다를 수도 있다는 점을 시사한다.

가사분담만족도와 시간부족에 대한 인식이 모두 부모의 삶의 만족도에 영향을 미쳤다. 가사분담만족도가 높을수록 삶의 만족도가 높아지지만, 시간이 부족하다는 인식을 많이 할수록 삶의 만족도는 낮아졌다. 자녀와 함께하는 활동시간 중 여가시간사용은 부모의 삶의 만족도에 영향을 미치지 않는 것으로 나타났다. 어린 자녀들이기 때문에 양육에 요구되는 시간이 많아서 여가활동을 함께 할 시간 자체가 많지 않고, 아직 자녀가 어려서 여가활동을 함께 한다고 해도 이것 역시 부모의 끊임없는 관심과 양육, 돌봄을 요구하는 부담스러운 활동일 수 있기 때문인 것으로 생각된다.

부모의 피곤함에 영향을 미치는 요인에 대한 분석 결과를 보면, 취업 관련 변수는 남녀 모두 피곤함에 영향을 미치며, 여성의 경우에만 소득이 높고 교육수준이 높을수록, 어린 자녀 수가 많을수록 피곤함을 더 느끼는 것으로 나타났다. 주관적 건강상태가 좋으면 남녀 모두 피곤함을 덜 느낀다. 어머니의 경우에는 가사분담만족도가 피곤함에 유의미한 영향을 미쳤다. 한편 자녀와 함께 하는 활동 중 여가활동시간은 피곤함에 전혀 영향을 미치지 않았으나, 자녀와 함께하는 식사시간이 길어지면 피곤함이 줄어드는 경향이 나타났다. 가사분담만족도는 아버지와 어머니 모두의 삶의 만족도 및 여성의 피곤함에 유의미한 영향을 미치는 것으로 나타났다.

2) 65세 이상 노인

65세 이상 고령집단의 시간사용실태를 집단 비교해 보면, 배우자가 있는 남성노인의 경우에 혼자서 하는 활동 중 시간이용이 가장 많은 활동은 미디어 이용이며, 혼자 하는 시간보다 배우자와 함께하는 시간이 많은 활동은 식사하기와 교류 등 사회활동이다. 배우자가 있는 여성노인의 경우에는 식사는 부부 모두 혼자서보다는 함께 하는 시간이 훨씬 긴 데 비해 가사노동은 부부 모두 혼자 하는 시간이 훨씬 길고 여성노인의 경우는 모든 활동시간 중 가장 길다. 배우자가 없는 고령집단의 경우에는 배우자가 없는 남성노인이 아내가 있는 남성노인들이 혼자서 가사노동에 투여하는 시간보다 많아서 2배 이상이다. 반면 배우자가 없는 여성노인은 남편이 있는 여성노인들에 비해 혼자서 하는 가사노동시간이 적어서 한 시간 정도 감소하였다. 그런데 여가활동 중 미디어 이용으로 보내는 시간은 배우자가 있는 고령집단에 비해서 두 배 정도 더 많다.

각 고령자집단의 특성별 시간사용실태 차이를 보면, 연령이 높아질수록 배우자와 함께하는 식사시간이 늘어나며 미디어 사용시간도 급격히 늘어난다. 연령과 높은 상관성을 보이는 건강상태에 따른 결과를 보면, 건강상태가 나쁘다고 응답한 경우일수록 배우자와 함께 식사하는 시간이 많아지고, 혼자 미디어를 사용하는 시간이 많아진다. 교육수준이 높은 경우에 사교활동과 종교활동에 사용하는 시간이 비교적 많다. 또한 배우자가 없는 여성노인집단은 종교활동에 사용하는 시간이 다른 비교집단에 비해 많다. 경제적 수준을 기준으로 보면, 자가보다 월세일 때 배우자 없이 혼자 식사하는 경우가 많다. 배우자가 없는 고령집단은 경제적 수준이 낮은 경우에 미디어 이용시간이 길다.

65세 이상 고령자집단의 생활만족도에 영향을 미치는 요인을 회귀분석을 통해 살펴본 결과를 보면, 배우자가 있는 남성노인의 경우, 생활만족도에 긍정적인 개인적 특성요인은 교육수준과 월평균 가구소득, 건강상태가 좋은 경우이다. 지역에 있어서는 도시지역(동부)이 농촌지역(읍면) 노인들에 비해 생활만족도가 높다. 배우자와 함께 사용하는 시간 중 생활만족도에 유의미한 영향을 미치는 활동은 유일하게 종교활동이다.

배우자가 있는 여성노인의 생활만족도에 영향을 미치는 개인특성요인을 보면, 교육수준이 높고 건강상태가 좋을수록 생활만족도가 높은 것으로 나타난다. 배우자가 있는 남성노인집단과 마찬가지로 피곤함은 생활만족도에 부정적인 영향을 미친다. 배우자가 있는 여성노인의 경우 성역할 인식이 높을수록, 혼자서 종교활동에 참여하는 시간이 통계적으로 유의미한 영향력을 나타낸다. 배우자와 함께한 가사활동과 종교활동시간은 생활만족도에 긍정적인 영향을 나타낸다. 흥미로운 점은 배우자가 있는 여성노인이 남편과 함께 미디어를 이용한 시간은 오히려 생활만족도에 부정적인 영향을 미치는 것으로 나타난다는 점이다.

배우자가 없는 노인집단에서 남녀 공통적으로 생활만족도에 영향을 미치는 개인특성변수는 교육수준, 지역, 월평균 가구소득, 건강상태이다. 배우자가 없는 여성노인은 배우자가 없는 남성노인에 비해 혼자서 하는 활동 중 미디어 사용과 종교활동시간이 생활만족도에 유의미한 영향을 미친다. 혼자서 미디어를 사용하는 시간이 많을수록 생활만족도가 떨어지는 반면 종교활동에 사용하는 시간이 많을수록 생활만족도가 높아진다.

2. 학문적 의의 및 기대효과

가족이 삶의 질에 미치는 긍정적인 효과에 대해서는 많이 언급되었지만 정작 개인들이 배우자 혹은 자녀와 하루에 얼마나 많은 시간을 함께 보내며 무슨 활동을 하는지, 가족이 함께하는 시간이 삶의 질에 어떤 영향을 미치는지 경험적 자료를 활용하여 구체적으로 분석된 적은 매우 드물다. 소규모 설문조사 자료에 근거하거나 가족시간을 한두 문항으로 측정한 연구들은 있으나 이는 결론을 일반화하기에 충분치 않다. 이러한 경향은 한국뿐만 아니라 다른 나라에서도 마찬가지이다.

가족이 함께하는 시간을 구체적으로 분석하고 삶의 질과의 관련성을 살펴보는 이 연구는,첫째, 대규모 조사 자료를 활용하여 경험적인 분석을 하였다는 의의를 지닌다. 본 연구를 통해서 집단별 가족시간사용 양상을 비교할 수 있다. 사회경제적 특성에 따른 집단 차이뿐 아니라 본 분석에서와 같이 젊은 세대 핵가족과 노부부가족 등 가족생애주기에 따른 가족시간사용양상을 구체적으로 파악한다. 집단별로 가족시간의 양이 어떻게 다르고 가족이 함께 하는 활동은 어떻게 다르며 이러한 차이에 영향을 미치는 요인이 무엇인지 살펴보았다는 데 의의가 있다. 구체적인 실증자료를 통하여 가족시간이 개인의 삶의 질에 미치는 영향을 제시하는 이 연구는 일-가정 양립 및 가족시간의 중요성을 적극적으로 정책에 반영하기 위한 근거 자료로 활용할 수 있다.

둘째, 가족시간의 질과 양 및 삶의 질의 연관성을 살펴보는 작업을 통해서 가족시간사용과 삶의 질의 관계에 어떤 집단이 취약한지 파악하고 정책적 대응을 위한 기초 자료를 제공하였다. 이를 통해서 삶의 질에 영향을 미치는 가족시간의 양적, 질적 특성을 구체적으로 포착하여 삶의 질의 차별성을 규명하고 개인의 삶의 질과 행복감을 높이는 요인을 실증적으로 제시할 수 있다. 하위집단별 비교를 통하여 삶의 질이 낮은 집단을 밝혀내고 이에 영향을 미치는 요인이 무엇인지를 집중적으로 조명할 수 있다. 특히 가족시간과의 연관성(예: 가족시간의 질과 양)에 초점을 맞추어 집단별로 가족시간의 질과 양의 차이, 가족시간이 삶의 질에 미치는 효과의 차이 등을 밝혀서 정책적인 제언을 할 수 있다.

셋째, 국제적으로 행복감이나 삶의 질에 관심이 높아지는 현 시점에서 한국의 상황을 제시하고 국제적인 비교 연구를 시행할 수 있다. 이를 바

탕으로 삶의 질을 측정하는 지표를 설계하기 위한 기초적인 자료를 제시할 수 있다.

앞선 연구 결과를 요약해보면 첫째, 가족구성원들은, 특히나 10세 미만 자녀가 있는 부부들은 더욱더, 가족시간이 매우 중요하다고 생각하지만 그 생각만큼 많은 시간을 가족들과 보내지는 못하고 있는 듯하다. 둘째, 무조건 가족시간을 늘리는 것이 삶의 질을 높이는 것은 아니다. 따라서 단순히 가족시간의 양만을 늘리는 방법으로는 가족생활의 질을 높일 수 없으므로. 가족생활에 대한 사회문화적 지향과 정책적 대책을 마련하기 위해 가족시간사용의 실질적인 파악이 필요하다. 본 연구의 결과는 원만하고 행복한 가족생활을 위하여 가족구성원이 함께 또는 따로 시간을 효율적으로 사용함으로써 만족도를 높일 수 있는 정책적 함의를 제시한다.

3. 정책적 함의

본 연구 결과를 통해서 가족의 삶의 질을 향상시키기 위한 정책적 방안을 도출해볼 수 있다. 본 연구에서는 부부의 시간과 부모와 자녀의 시간, 65세 이상 노인가구의 시간자료를 분석하여 각 집단의 시간활용 양상과 시간피로, 생활만족도에 영향을 미치는 요인을 도출하였다.

먼저 각 집단의 분석 결과에 있어서 공통적으로 성별 차이가 나타났다. 부부의 시간사용에 있어서 남편과 부인 사이에 시간사용의 양적 차이는 물론 각 활동에 있어서 혼자서 또는 함께 사용시간이 본인의 삶의 질에 미치는 영향이 다르게 나타났다. 자녀와 함께 보내는 시간에 있어서도 남편과 부인의 양상이 다르며 시간피로도와 생활만족도에 미치는 영향 요인이 다르게 나타난다. 65세 이상 고령집단의 경우는 부부가구와 독거가구를 나누어 분석하였는데 역시 각 경우의 남성노인과 여성노인의 시간사용과, 시간사용이 생활만족도에 미치는 영향이 매우 다르게 나타났다.

삶의 질 향상의 정책적 제안이라는 측면에서, 생활만족도에 영향을 미치는 요인을 중심으로 살펴보면, 10세 미만 자녀를 둔 부부가 느끼는 삶에 대한 여유, 일상에 대한 피로, 삶에 대한 만족 등에 유의미한 영향을 미치는 활동들은 식사, 미디어 활용, 종교활동 등이다. 따라서 이들의 삶의 질을 제고하기 위하여 이러한 활동을 중심으로 가족시간을 사용할 수 있는 방안을 고민해야 할 것이다. 물론 각 활동의 종류에 따라서, 각 활동의 내부에서도 혼자 하느냐 부부가 함께 하느냐가 피로도나 생활만족도에 미치는 영향의 정도와 양상이 다르다. 하지만 적어도 이들 활동의 영향력이 유의미하게 나타났다는 발견점을 중심으로 부부의 시간을 따로 또 같이 활용하는 가족정책과 프로그램, 지침 등을 찾아볼 수 있겠다.

자녀와 함께 보내는 시간에 대한 분석 결과에서는 가사분담만족도와 시간부족에 대한 인식이 모두 부모의 삶의 만족도에 영향을 미쳤다. 가사분담만족도가 높을수록 삶의 만족도가 높아지지만, 시간이 부족하다는 인식을 많이 할수록 삶의 만족도는 낮아졌다. 가사분담만족도가 아버지와 어머니 모두의 삶의 만족도 및 여성의 피곤함에 유의미한 영향을 미치는 것으로 볼 때, 어린 자녀가 있는 가정에서는 자녀양육과 이로 인한 집안일의 부담이 여전히 주요한 이슈인 것을 알 수 있다. 따라서 자녀와의 시간의 질을 확보하기 위하여 가사분담의 만족도를 높일 수 있도록 정책

마련에 힘을 쏟아야 할 것이다. 현재 시행되고 있는 일-가정 양립을 위한 정책들을 보다 시행 가능한 방향으로 이끌어야 한다.

마지막으로 65세 고령집단의 경우 연령이 높아짐에 따라, 건강상태가 나쁠수록, 경제적 상황이 열악한 경우, 그리고 도시지역보다 농촌지역의 경우에 시간사용의 양상이 한쪽에 치우쳐 나타난다. 남성노인의 경우 은퇴 후 생활시간활용에 다양성이 떨어지고, 여성노인의 경우에는 전통적인 성역할 활동에 여전히 많은 시간을 사용하는 상황이 생활만족도에 영향을 미친다. 특히 65세 고령집단의 경우 미디어 이용에 사용하는 시간이 매우 크게 나타나는데, 남성노인은, 고연령일수록, 건강상태가 나쁠수록, 경제적 상황이 열악할수록 더욱 그렇다. 이러한 경우에 혼자서 미디어를 이용하는 시간이 유달리 많은 것으로 나타났다. 문제는 미디어 이용시간의 치우침이 생활만족도에 부정적인 영향으로 나타난다는 것이다. 따라서 고령집단의 다양한 시간사용을 통해 보다 활력적인 노년생활을 향유할 수 있는 정책개발이 필요하다.

참고문헌

강성진(2010). "한국인의 생활만족도 결정요인 분석" 《경제학연구》 58(1): 5-36.

김경미 · 류승아 · 최인철(2012). "가족 간 식사, 통화 및 여가활동과 중년기의 행복" 《한국심리학회지: 사회문제》 18(2): 279-300.

김수정 · 김은지(2007). "한국 맞벌이 가구에서 가사노동과 경제적 의존관계: 교환 혹은 젠더보상?" 《한국사회학》 41(2): 147-174.

남은영 · 이재열 · 김민혜(2012). "행복감, 사회자본, 여가: 관계형 여가와 자원봉사활동의 함의를 중심으로" 《한국사회학》 46(5): 1-33.

류지아(2016a). "행복에 대한 상대적 효과: 위계선형모형의 수준간 상호작용항을 사용한 분석" 《한국사회학》 50(1): 255-288.

류지아(2016b). "소득이 많을수록 더 행복할까: 행복에 대한 소득효과의 포화점 존재에 관한 분석" 《한국인구학》 39(2): 71-95.

문유경 · 강민정(2003). "근로시간 단축이 여성 취업에 미치는 영향" 《한국여성정책연구원-연구보고서 230-23》한국여성정책연구원.

서문기(2015). "잘 사는 국가는 행복한가? 삶의 질에 관한 국가 간 비교분석" 《한국인구학》 49(1): 111-137.

송유진(2011). "한국인의 일상생활시간 변화-부모의 교육수준에 따른 자녀양육시간 변화" 《한국인구학》 34(2): 45-64.

윤현숙 · 유희정(2006). "가족관계가 성공적 노화에 미치는 영향" 《가족복지학》 18: 5-31.

은기수(2009). "한국 기혼부부의 가사노동분업" 《한국인구학》 32(3): 145-171.

장승진(2011). "행복의 정치경제학: 소득불평등에 대한 인식이 한국인들의 삶의 만족도에 끼치는 영향" 《한국정당학회보》 10(2): 43-66.

한준 · 김석호 · 하상응 · 신인철(2014). “사회적 관계의 양면성과 삶의 만족” 《한국사회학》 48(5): 1–24.

Ashbourne, L. M., and Daly, K. J.(2012). “Changing patterns of family time in adolescence: parents' and teens' reflections” *Time & Society* 21(3): 308-329.

Bianchi, S. M., and Milkie, M. A.(2010). “Work and family research in the first decade of 21st century” *Journal of Marriage and Family* 72(3): 705-725.

Bianchi, S. M.(2000). “Maternal employment and time with children: dramatic change or surprising continuity?” *Demography* 37(4): 401-414.

Bonke, J., Deding, M., and Lausten, M.(2009). “Time and money: a simultaneous analysis of men's and women's domain satisfaction” *Journal of Happiness Studies* 10(2): 113-131.

Cha, S. E., and Eun, K. S.(2014). “Gender difference in sleep problems: focused on time use in daily life of Korea” *Social Indicators Research* 119(3): 1447-1465.

Chen, W. C.(2012). “How education enhances happiness: comparison of mediating factors in four East Asian countries” *Social Indicators Research* 106: 117-131.

Daly, K. J.(2001). “Deconstructing family time: from ideology to lived experience” *Journal of Marriage and Family* 63(2): 283-294.

Dew, J.(2009). “Has the marital time cost of parenting changed over time?” *Social Forces* 88(2): 519-541.

Easterlin, R. A.(1995). “Will raising the incomes of all increase the happiness of all?” *Journal of Economic Behavior and Organization* 27(1): 35-47.

Ekert-Jaffé, O.(2011). “Are the real time cost of children equally shared by mothers and fathers?” *Social Indicators Research* 101(2): 243-247.

Fawcett, J. T.(1988). “The value of children and the transition to parenthood” *Marriage and Family Review* 12(3-4): 11-34.

Flood, S. M., and Genadek, K. R.(2016). “Time for each other: work and family constraints among couples" *Journal of Marriage and Family* 78(1): 142-164.

Glorieux, I., Minnen, J., and van Tienoven, T. P.(2011). "Spouse "together time": quality time within the household" *Social Indicators Research* 101(2): 281-287.

Gracia, P., and Kalmijn, M.(2016). "Parents' family time and work schedules: the split-shift schedule in Spain" *Journal of Marriage and Family* 78(2): 401-415.

Gray, R. S., Chamratrithirong, A., Pattaravanich, U., and Prasartkul, P.(2013). "Happiness among adolescent students in Thailand: family an non-family factors" *Social Indicators Research* 110(2): 703-719.

Ha, S. E., and Kim, S.(2013). "Personality and Subjective Well-Being: Evidence from South Korea" *Social Indicators Research* 111(1): 341–359.

Han, S.(2015). "Social capital and subjective happiness: which contexts matter?" *Journal of Happiness Studies* 16(1): 241-255.

Hansen, T.(2012). "Parenthood and happiness: a review of folk theories versus empirical evidence" *Social Indicators Research* 108(1): 29-64.

Helliwell, J. F., and Wang, S.(2014). "Weekends and subjective well-being" *Social Indicators Research* 116(2): 389-407.

van Klaveren, C., and Maassen van den Brink, H.(2005). "Intrahousehold work time synchronization: togetherness or marital benefits?" *Social Indicators Research* 84(1): 39-52.

Krueger, A. B., Kahneman, D., Fischler, C., Schkade, D., Schwarz, N., and Stone, A. A.(2009). "Time use and subjective well-being in France and the US" *Social Indicators Research* 93(1): 7-18.

Le, A. T., and Miller, P. W.(2013). "Satisfaction with time allocations within the family: the role of family type" *Journal of Happiness Studies* 14: 1273-1289.

Lesnard, L.(2008). "Off-scheduling within dual-earner couples: an unequal and negative externality for family time" *American Journal of Sociology*

114(2): 447-490.

Milkie, M. A., Mattingly, M. J., Nomaguchi, K. M., Bianchi, S. M., and Robinson, J. P.(2004). "The time wqueeze: parental statuses and reelings about time with children" *Journal of Marriage and Family* 66(3): 739-761.

North, R. J., Holahan, C. J., Moos, R. H., and Cronkite, R. C.(2008). "Family support, family income, and happiness: A 10-year perspective" *Journal of Family Psychology* 22(3): 475-483.

Offer, S.(2013). "Family time activities and adolescents' emotional well-being" *Journal of Marriage and Family* 75(1): 26-41.

Ong, Q., Ho, K. W., and Ho, K. C.(2013). "Altruism within the family: A comparison of father and mother using life happiness and life satisfaction" *Social indicators research* 111(2): 485-510.

Oshio, T., Nozaki, K., and Kobayashi, M.(2011). "Relative income and happiness ın Asıa: Evidence from nationwide surveys in China, Japan, and Korea" *Social Indicators Research* 104(3): 351-367.

Pollmann-Schult, M.(2014). "Parenthood and Life Satisfaction: Why Don't Children Make People Happy?" *Journal of Marriage and Family* 76(2): 319-336.

Robinson, J. P.(2013). "Americans less rushed but no happier: 1965–2010 trends in subjective time and happiness" *Social indicators research* 113(3): 1091-1104.

Robinson, J. P., and Martin, S.(2008). "What do happy people do?" *Social Indicators Research* 89(3): 565-571.

Roeters, A., and Treas, J. K.(2011). "Parental work demands and parent-child, family, and couple leisure in Dutch families: What gives?" *Journal of Family Issues* 32(3): 269-291.

Roxburgh, S.(2006). "I wish we had more time to spend together... The distribution and predictors of perceived family time pressures among married men and women in the paid labor force" *Journal of Family Issues* 27(4): 529-553.

Sayer, L. C., Bianchi, S. M., and Robinson, J. P.(2004). "Are parents investing less in children? Trends in mothers' and fathers' time with children" *American journal of sociology* 110(1): 1-43.

Sullivan, O.(1996). "The enjoyment of activities: Do couples affect each others' well-being?" *Social Indicators Research* 38(1): 81-102.

Voorpostel, M., van der Lippe, T., and Gershuny, J.(2009). "Trends in free time with a partner: A transformation of intimacy?" *Social indicators research* 93(1): 165-169.

Wang, M., and Wong, M. S.(2014). "Happiness and leisure across countries: Evidence from international survey data" *Journal of Happiness Studies* 15(1): 85-118.

Zuzanek, J., and Zuzanek, T.(2015). "Of happiness and of despair, is there a measure? Time use and subjective well-being" *Journal of Happiness Studies*, 16(4): 839-856.

아 | 산 | 재 | 단 | 연 | 구 | 총 | 서

1 전환기의 중국경제
김윤환 외 | 단국대 경제학과

2 폴란드 경제의 변천 개혁과 그 전망
김광수 | 숭실대 경제학과

3 재소한인
이광규 외 | 서울대 인류학과

4 소련산림과 임업
홍성천 외 | 경북대 임학과

5 아세안의 정치경제
김국진 외 | 외교안보연구원

6 태국의 사회변동과 경제발전
최석만 외 | 전남대 사회학과

7 중국의 사회경제 통계분석
신한풍 외 | 고려대 통계학과

8 중국의 정치와 경제
박두복 외 | 외교안보연구원

9 동유럽의 개혁과 시장경제의 도입
허만 외 | 부산대 사범대학

10 동유럽의 개혁운동
박영신 | 연세대 사회학과

11 현대 러시아 연구
기연수 외 | 한국외대 노어과

12 전략적 선택과 기업의 국제경쟁력
이장호 | 서강대 경영대학

13 협동사회의 정착과 정부의 역할
이종범 외 | 고려대 행정학과

14 한국 제조기업 생산성의 동적 분석
노부호 외 | 중앙대 경영대학

15 분배의 정의
변형윤 외 | 서울대 경제학과

16 도덕적 행동의 강화
이훈구 외 | 연세대 심리학과

17 관료부패와 통제
김해동 외 | 서울대 행정대학원

18 한국경제의 내실 있는 성장
정창영 외 | 연세대 경제학과

19 한국국민정신운동의 역사와 발전방향
박수명 외 | 부산대 사범대학

20 한국대학생의 가치성향과 상담효과
이영희 외 | 숙명여대 교육학과

21 가출청소년과 학교관리체제
안창규 외 | 부산대 교육학과

22 동북아 정세변화와 한·일관계
한승조 외 | 고려대 정치외교학과

23 언론과 부정부패
정대철 외 | 한양대 신문방송학과

24 한국의 고등학교 교육
이원호 외 | 부산대 교육학과

25 가족과 방송
김학수 외 | 서강대 신문방송학과

26 재정개혁의 전망과 재산세제의 개편과제
오연천 | 서울대 행정대학원

27 청소년을 위한 전자게임 프로그램의 규제 및 평가체계 개발
박혜원 외 | 울산대 가정관리학과

28 정신장애자 가족의 사회심리적 특성
이근후 외 | 이화여대 의과대학

29 가족의 관계역동성과 문제인식
이광규 외 | 서울대 인류학과

30 현대인과 한국전통음식
승정자 | 숙명여대 식품영양학과

31 기업의 초고속정보통신망활용
안중호 | 서울대 경영학과

32 지역발전을 위한 교육자치제의 개선방안
김남순 | 조선대 사범대학

33 전환기의 공무원 가치관
조경호 | 울산대 행정학과

34 지방자치와 사회복지의 과제
김영모 | 중앙대 사회복지학과

35 WTO체제하의 지방중소기업 지원정책
최명주 외 | 계명대 통상학부

36 현대한국의 시민운동
이효선 | 홍익대 사회학과

37 기업 세계화의 단계 및 정도의 측정
허영도 외 | 울산대 경영학과

38 가족복지를 위한 가족주치의 시범사업의 효과
이혜리 외 | 연세대 가정의학교실

39 한국대학생의 삶의 만족도
김재은 외 | 이화여대 교육심리학과

40 지역경제와 지역산업구조의 개편방향
정기화 외 | 전남대 경제학부

41 중국기업의 소유형태별 경영특성
노철화 외 | 부산대 무역학과

42 남북한의 인성·사상교육
한승조 외 | 고려대 정치외교학과

43 연계적 뇌기능 조언을 위한 의료용 멀티미디어 시스템의 설계
유선국 | 연세대 의용공학교실

44 다민족국가의 민족문제와 한인사회
최협 외 | 전남대 인류학과

45 저소득층지역 청소년 여가문화와 소집단 활성화
박문수 외 | 서강대 사회학과

46 삶의 질의 국제비교와 지역간 비교분석
이재기 외 | 울산대 경제학과

47 21세기 지역주민의 삶의 질
양종회 외 | 성균관대 사회학과

48 삶의 질에 대한 국가간 비교
조명한 외 | 서울대 심리학과

49 외국인 노동자의 노사관계와 사회적 적응
석현호 외 | 성균관대 사회학과

50 한국의 사법제도와 발전 모델
정종섭 | 건국대 법학과

51 고령화사회와 중상층 노인의 사회활동
조성남 외 | 이화여대 사회학과

52 한국의 서비스 시장 개방정책
한홍렬 | 한양대 경제학부

53 한국과 AFTA간의 교역증진 및 경제 협력방안
손일태 외 | 경희대 경제통상학부항

54 물류비 절감을 위한 무역업체의 정보화전략
이영수 외 | 경북대 경제통상학부

55 사회주의 체제전환과 사회정책
오정수 외 | 충남대 사회복지학과

56 남북통일 이후 농업생산체계 개편
홍성규 외 | 건국대 농업경제학과

57 국제화와 세계화
하영선 외 | 서울대 외교학과

58 IMF 개혁정책의 평가와 한국경제의 신(新) 패러다임
조동근 | 명지대 경제학과

59 구조개혁과 실업대책
박동운 | 단국대 경제무역학부

60 21세기 신노사관계
심윤종 외 | 성균관대 사회학과

61 학교에서의 집단 따돌림
이춘재 외 | 가톨릭대 심리학과

62 한국노인의 정신건강실태와 건강증진
조맹제 외 | 서울대 의과대학

63 혁명과 개혁 속의 중국 농민
김광억 | 서울대 인류학과

64 중국의 경제환경과 한국기업의 진출 전략
지용희 외 | 서강대 경영학과

65 김대중 대통령의 시스템 사고
김동환 | 중앙대 공공정책학부

66 실업과 가족해체
최일섭 외 | 서울대 사회복지학과

67 합리적 부채비율 조정방안
오상근 | 동아대 경제학과

68 한국 중산층의 생활문화
문숙재 외 | 이화여대 소비자·인간발달학과

69 계층간 갈등상태에서 최적소득세
김진욱 | 건국대 경상학부

70 글로벌 경쟁력 제고를 위한 기업전략과 조직구축
이만우 외 | 고려대 경영학과

71 의료보험과 국민연금의 관리효율화를 위한 통합방안
사공진 외 | 한양대 경제학부

72 정부개혁의 과제와 전략
박우서 외 | 연세대 행정학과

73 책임운영기관 제도에 관한 비교분석
김근세 | 가톨릭대 행정학과

74 새로운 패러다임하에서의 한국기업의 바람직한 지배구조
최운열 외 | 서강대 경영학과

75 현대 한국사회의 계층구조
양춘 외 | 고려대 사회학과

76 한국의 산업정책과 산업구조조정
강인수 | 숙명여대 경제학부

77 기업구조조정
김석진 | 경북대 경영학부

78 지식경영을 위한 인적자원 개발 및 관리체계
장영철 | 경희대 경영학부

79 뉴 비즈니스 모델
전성현 | 국민대 정보관리학부

80 중산층의 정체성과 소비문화
함인희 외 | 이화여대 사회학과

81 외국관광객 유치를 위한 마케팅 전략
박상규 | 강원대 경영학과

82 한국인의 세대별 문학의식
이동순 | 영남대 국문과

83 공공부문의 효율성 평가와 측정
김재홍 외 | 울산대 사회과학부

84 한국 청소년의 정치의식과 형성요인
김광웅 외 | 숙명여대 아동복지학과

85 한국 대학생의 정치의식
배한동 | 경북대 윤리교육과

86 산업의 정보화와 산업발전
이기동 | 계명대 통상학부

87 한국 제조업의 고용조정 분석
이종원 외 | 성균관대 경제학부

88 지식자산에 대한 경영전략적 평가모형 개발
배재학 외 | 울산대 컴퓨터·정보통신공학부

89 관광사업을 위한 한국적 이미지의 휴식복 개발
채금석 | 숙명여대 의류학과

90 한국 정치제도의 개혁
신정현 | 경희대 사회과학부

91 e비즈니스와 아웃소싱 전략
정승화 외 | 연세대 경영학과

92 집단 따돌림의 진단 및 치료방안
홍준표 | 중앙대 인간생활환경학과

93 16대 총선과 낙선운동
조기숙 | 이화여대 국제대학원

94 부동층 유권자 행태 분석
진영재 | 연세대 정치외교학과

95 사이버 공동체의 성공요인
이재관 | 숭실대 경영학부

96 온라인 소비자 행동의 이론과 실증
윤성준 | 경기대 경영학부

97 글로벌 시대 정약용 세계관의 가능성과 한계
차성환 | 한일장신대 역사사회학과

98 러시아의 체제전환 과정에서 나타난 국가의 역할과 그 전망
이상민 외 | 부산대 정치외교학과

99 남북한의 경제발전 수준과 산업구조 비교, 그리고 경제교류 협력방향
주성환 | 건국대 경제학과

100 집단따돌림과 교육해체
한준상 | 연세대 교육학과

101 공적연금제도의 효율성과 개선방안
유금록 | 군산대 행정복지학부

102 벤처기업-대기업의 성공적인 협력 모델
나중덕 | 경산대 경영학과

103 북한의 재외동포정책
조정남 외 | 고려대 정치외교학과

104 사이버 공동체 형성의 역동적 모형
장용호 | 서강대 신문방송학과

105 기업이론과 기업의 소유지배구조
김일태 외 | 전남대 경제학부

106 가축분뇨 자원화를 위한 공동이용조직에 대한 농가선호도 분석
유덕기 | 동국대 생명자원경제학과

107 개혁정책과 전문가 집단
이경원 외 | 제주대 행정학과

108 현대 한국사회의 이중가치체계
신수진 외 | 이화여대 가정관리학과

109 한국의 산업구조 변화와 기업집단 다각화 전략
김용학 외 | 연세대 사회학과

110 지식정보사회의 경제적 모형 설정 및 사례 연구
김범환 | 배제대 경영정보학부

111 변호사징계제도
오종근 | 한림대 법학부

112 인터넷 특허법
김순석 | 광주대 법학과

113 e-비즈니스 시대의 금융 및 재정정책의 새로운 패러다임
이종욱 | 서울여대 경제학과

114 청소년의 하위문화와 정체성
조성남 | 이화여대 사회학과

115 디지털금융시대의 금융구조변화와 정부규제 및 정책
이충열 | 고려대 경제학부

116 지식경영을 위한 기업의 조직설계방안
김경수 외 | 전남대 경영학과

117 전자금융의 발달과 경제정책의 새로운 패러다임
이명훈 | 명지대 경제학과

118 동아시아의 안보와 유엔체제
강성학 편저 | 고려대 정치외교학과

119 유료 치매노인 그룹홈의 개발과 관련 정책
최정신 외 | 가톨릭대 소비자·주거학과

120 소비자 지향적 문화산업 정책
홍영준 | 호남대 광고홍보학과

121 국제·국가·지방 환경규제의 연계
정준금 외 | 울산대 행정학과

122 현행 회사 합병·분할제도의 평가와 개선방안
옥무석 외 | 이화여대 법학과

123 배려지향적 도덕성과 정의지향적 도덕성
정옥분 외 | 고려대 사범대학

124 기업구조조정에 대한 채권금융기관 및 금융감독기관의 역할과 책임
이중기 | 한림대 법학과

125 실업대책으로서 한국의 법정기준근로 시간 단축
박영범 | 한성대 경제학과

126 프랑스어의 비분리성 소유개념 표현
노윤채 | 연세대 언어정보연구원

127 지방채의 효율적 관리방안
강태구 | 호원대 법행정학부

128 21세기 산업구조 변화와 과학기술정책
임채성 외 | 그리스도신학대 경영정보학부

129 인터넷 쇼핑몰 이용자의 불평행동
예종석 | 한양대 경영학부

130 한국기업의 성과급제도 현황, 효과 및 개선방안
김성수 | 서울대 경영학과

131 전자상거래와 소비자보호
서민교 외 | 경일대 인터넷국제통상학과

132 평생학습 사회에서의 인적자원개발을 위한 사회적 파트너십 구축
김영화 | 홍익대 교육학과

133 한국 공교육의 새로운 구상과 전략
권대봉 외 | 고려대 교육학과

134 한국의 정부개혁
김태룡 | 상지대 행정학과

135 지방정부 생산성 측정의 이론과 실제
이은국 외 | 연세대 행정학과

136 불가 시문학론
배규범 | 경희대 학술연구 교수

137 남북경제교류의 법적 문제
제성호 | 중앙대 법학과

138 경제위기와 청소년 발달
구인회 | 서울대 사회복지학과

139 생명과학기술의 응용과 기본권보호적 한계
정상기 외 | 한남대 법학과

140 경제발전과 정치환경의 한 · 일 비교분석
정갑영 외 | 연세대 동서문제연구원

141 한국 공교육의 진단
윤정일 외 | 서울대 교육학과

142 우리나라 지방자치 발전을 위한 자치단체장의 역할
정성호 외 | 경기대 사회과학부

143 의료보험제도의 개혁방안
권순원 | 덕성여대 경제학과

144 중등 도덕교육의 현실과 문제
손동현 외 | 성균관대 철학과

145 사이버공동체 발전론
이명식 | 상명대 경영학과

146 남북경협 확대에 대비한 북한 담보제도의 정비방안
박훤일 | 경희대 법과대학

147 한국 공무원 인사제도 개혁
김판석 | 연세대 행정학과

148 교사화법 교육
임칠성 외 | 전남대 국어교육과

149 세계화의 문화정치학
임혁백 외 | 고려대 정치외교학과

150 효과적인 e-SCM을 위한 의사결정 조정 시스템 모형
이원준 | 성균관대 경영학부

151 환경거버넌스
김종순 외 | 건국대 행정학과

152 자동차산업의 인적자원관리
이덕로 | 서원대 경영학부

153 한국과 영국 간 지식기반산업 비교
이명호 | 한국외대 경영학과

154 한국 벤처기업의 기술네트워킹 및 기술마케팅 전략
장영일 | 인제대 경영학부

155 회사변호사의 윤리
오승종 | 성균관대 법과대학

156 미디어교육론
이정춘 | 중앙대 신문방송학과

157 조선시대 서원과 양반
윤희면 | 전남대 역사교육과

158 환경문제와 철학
박찬국 | 서울대 철학과

159 노인보건복지 이론과 실제
김명 외 | 이화여대 보건교육학과

160 북한의 법체계
권재열 외 | 숭실대 법학과

161 생명공학기술의 안전성 확보에 관한 법적 고찰
이재협 | 경희대 법학부

162 청소년복지학
김성이 외 | 이화여대 사회복지학과

163 변화하는 세계, 변화하는 복지국가
조영훈 | 동의대 사회복지학과

164 의리의 윤리와 한국의 유교문화
김낙진 | 진주교대 도덕교육과

165 미국의 통상정책과 통상법
윤충원 | 전북대 무역학과

166 사회복지 프로그램 평가
김학주 | 경상대 사회복지학과

167 환경주의와 지속가능한 발전
정대연 | 제주대 사회학과

168 무역과 환경
김기흥 외 | 경기대 경제학부

169 산업계 유해폐기물의 위험과 관리
김금수 | 호서대 경상학부

170 백범 김구의 지적 계발과정 탐색
문용린 | 서울대 교육학과

171 태평양전쟁 발발 이후 일제의 인적 지배와 그리스도교계의 대응
윤선자 | 전남대 사학과

172 거버넌스 상황에서 갈등관리를 위한 대체적 분쟁해결제도
서순복 | 광주대 법정학부

173 시장경제의 유형과 민주주의
최배근 | 건국대 경상학부

174 일본고전소설 총론
김현정 | 국립한국전통문화학교

175 국어 교육을 위한 국어 문법론
이관규 | 홍익대 국어교육과

176 율곡의 군주론
전세영 | 부산교대 윤리교육과

177 동북아시아 환경협력
정서용 | 명지대 법학과

178 기후변화협약과 기후정책
신의순 외 | 연세대 경제학과

179 인터넷과 국제 학술정보 네트워크-하이퍼링크 분석
박한우 | 영남대 언론정보학과

180 국내 기업복지의 활성화 방안
최수찬 | 연세대 사회복지대학원

181 세계화와 인간안보
김우상 외 | 연세대 정치외교학과

182 세계문화유산 종묘 이야기
지두환 | 국민대 국사학과

183 한국 평생교육의 사회철학적 과제
곽삼근 | 이화여대 교육학과

184 강점모델
정순둘 | 이화여대 사회복지학과

185 글로벌시대의 계약법
박영복 | 한국외대 법과대학

186 배심제와 시민의 사법참여
안경환 | 서울대 법학과

187 동북아공동체
김재한 | 한림대 정치외교학과

188 정치 참여와 탈물질주의
김욱 | 배재대 정치외교학과

189 퍼지전문가회로망을 이용한 금융기관의 사이버 기업여신결정 지원시스템의 개발
권혁대 | 목원대 경영학과

190 환경정책과 환경법
송인성 | 전남대 지역개발학과

191 포스트모던 시대의 평생교육학
한숭희 | 서울대 교육학과

192 현대 한국인의 세대경험과 문화
박길성 외 | 고려대 사회학과

193 서구의 근로연계복지
김종일 | 건국대 사회복지학과

194 사회복지운동론
현외성 | 경남대 사회복지학과

195 외국의 역모기지 사례
유선종 | 건국대 부동산학과

196 옛이야기와 어린이문학
이지호 | 진주교대 국어교육학과

197 노인사회복지관광의 정책과제와 방안
김창수 | 경기대 관광학부

198 복지서비스의 민간위탁 시스템 분석
김순양 | 영남대 행정학부

199 새로운 빈곤층의 대두와 정부의 정책과제
김진욱 | 건국대 경제학과

200 문화행정론
김정수 | 한양대 행정학과

201 스칸디나비아 노인용 코하우징의 계획과 적용
최정신 외 | 가톨릭대 생활과학부

202 북한의 자연생태계
공우석 | 경희대 지리학과

203 통계로 이해하는 러시아
전홍찬 | 부산대 정치외교학과

204 사회복지법인의 경영과 회계
이동규 | 충남대 회계학과

205 의약분업 정책과정
차흥봉 | 한림대 사회복지학과

206 지역공동체와 평생교육
오혁진 | 동의대 평생교육학부

207 아동보호서비스의 실제
한미현 | 백석대 사회복지학부

208 그린마케팅
박재기 | 충남대 경영학부

209 아동권리와 아동복지
이혜원 | 성공회대 사회복지학과

210 국제 이주와 인도인 디아스포라
김경학 | 전남대 인류학과

211 질병과 의료의 사회학
조병희 | 서울대 보건대학원

212 북한이탈주민의 사회통합을 위한 지역복지실천의 모색
이기영 | 부산대 사회복지학과

213 치매노인케어론
조유향 | 초당대 간호학과

214 노인상담입문
서혜경 외 | 한림대 대학원 사회복지학과

215 '통일 이후 통일과정'으로서의 독일 통일영화
이준서 | 이화여대 독어독문학과

216 중국의 사회보장
오정수 | 충남대 사회복지학과

217 환경자원의 경제적 가치와 환경오염의 사회적 비용
김재홍 | 울산대 사회과학부

218 사회복지프로그램의 경제적 평가방법
박창제 외 | 상주대 사회복지학과

219 자유의지와 결정론
안건훈 | 강원대 철학과

220 심리학자들이 쓴 행복한 결혼의 심리학
채규만 외 | 성신여대 심리학과

221 현대 해석학 강의
양해림 | 충남대 철학과

222 한국인의 주거 빈곤과 공공주택
하성규 | 중앙대 도시 및 지역계획학과

223 IMF 경제위기와 한국 출산력의 변화
김두섭 | 한양대 사회학과

224 동아시아의 영토분쟁과 국제법
이석우 | 인하대 법학부

225 독일 복지국가와 사회복지서비스
정재훈 | 서울여대 사회사업학과

226 사회복지사를 위한 실용 비모수통계
엄명용 | 성균관대 사회복지학과

227 피헤지학 연구
이윤호 | 동국대 경찰행정학과

228 광고언어창작론
박영준 외 | 부경대 국어국문학과

229 환경규제 패러다임의 전환
한철 | 한남대 법학과

230 고령사회의 노동환경변화와 고용 시스템의 문제점 및 법적 대응
고준기 | 국립군산대 법학과

231 세계화와 소득불평등
이성균 외 | 울산대 사회과학부

232 유비쿼터스 사회의 이해
안중호 외 | 서울대 경영학과

233 국제환경책임법론
박병도 | 건국대 법학과

234 한국의 선거와 민주주의
윤종빈 | 명지대 정치외교학과

235 한국 시민운동의 구조와 동학
조대엽 외 | 고려대 사회학과

236 또래관계
송영혜 | 대구대 재활심리학과

237 해외 한국기업과 현지인 노동자
석현호 외 | 에스코이야학술문화재단

238 독일 국가복지에서 민간복지단체의 역할과 의미
차성환 외 | 한일장신대 사회복지학부

239 청정공학
조정호 | 동양대 생명화학공학과

240 한국전통연희론
심상교 | 부산교육대 국어교육학과

241 정신장애와 가족
서미경 | 경상대 사회복지학부

242 빈곤통계의 작성과 활용
김주환 | 동국대 정보통계학과

243 인터넷과 한국정치
강원택 | 숭실대 정치외교학과

244 북한의 시장경제이행
정영화 외 | 서경대 법학과

245 시스템사고로 본 지속가능한 도시
문태훈 | 중앙대 도시및지역계획학과

246 실버산업과 유비쿼터스 컴퓨팅
고일상 | 전남대 경영학부

247 재활상담과 사례관리
나운환 | 대구대 직업재활학과

248 영유아교육기관에서의 장애 이해 교육
유수옥 | 우석대 유아특수교육과

249 장애의 사회적 의미와 사회통합
박수경 | 대진대 사회복지학과

250 경제분석의 수리적 기초
조인성 | 공주대 경제통상학부

251 비영리부문의 비교연구
김승현 | 서울산업대 행정학과

252 고등교육경제학
반상진 | 전북대 교육학과

253 과학윤리교육의 이론과 방법
조희형 | 강원대 과학교육학부

254 결혼이민자가족의 이해
김오남 | 대불대 사회복지학과

255 동아시아 국가의 공공부조
신동면 | 경희대 사회과학부

256 특수아동 진단 및 평가
이나미 | 대불대 특수교육과

257 계약형 사회복지와 권리옹호시스템
이명현 | 경북대 상주캠퍼스 사회복지학과

258 실내공기질 및 위해성 관리
양원호 | 대구가톨릭대 산업보건학과

259 충남 방언 문법
한영목 | 충남대 국어국문학과

260 교육권론
노기호 | 군산대 법학과

261 도시경관계획론
임승빈 | 서울대 조경 · 지역시스템공학부

262 교통의 새로운 패러다임
김형철 | 경원대 도시계획 · 조경학부

263 노인의 삶의 질 향상을 위한 주거환경디자인
천진희 | 상명대 디자인대학 실내디자인전공

264 사회복지와 문화
박병현 | 부산대 사회복지학과

265 장애인복지의 이론과 실제
이선우 | 인제대 사회복지학과

266 창의성 개발을 위한 디자인교육 콘텐츠
김선영 | 인천가톨릭대 조형예술대학 환경디자인학과

267 구성주의 사회복지 실천 기술론
고미영 | 서울신학대 사회복지학과

268 장애아교육학
김기흥 | 부산교육대 유아교육과

269 지역사회복지와 자원부문
한상진 외 | 울산대 사회학과

270 환경관리회계
육근효 | 부산외국어대 회계학부

271 인권 관점에서 보는 장애인복지
유동철 | 동의대 사회복지학과

272 정신증상
송지영 | 경희대 의과대학병원 신경정신과

273 사이버공간의 사회심리학
이성식 외 | 숭실대 정보사회학과

274 노인에 대한 사회적 돌봄과 돌봄 서비스의 질 보장
최희경 | 신라대 가족노인복지학과

275 아동 심리치료의 실제
신현균 | 전남대 심리학과

276 사회복지와 위험관리
노충래 | 이화여대 사회복지전문대학원

277 국제 탄소시장의 이해
양승룡 | 고려대 식품자원경제학과

278 타자의 초상
신문수 | 서울대 영어교육과

279 한국정치와 환경정치
나정원 | 강원대 정치외교학과

280 북한이주민
윤인진 | 고려대 사회학과

281 음주의 사회경제적 비용
정우진 외 | 연세대 보건대학원

282 지방정치와 동북아 도시거버넌스
박재욱 | 신라대 행정학과

283 노숙인 복지론
남기철 | 동덕여대 사회복지학과

284 유럽통합과정과 지역협력
이규영 | 서강대 국제대학원

285 사회복지재정 연구
지은구 | 계명대 사회과학대학 사회복지학과

286 지역사회 교육개혁을 위한 시민사회 조직의 참여
김영화 | 홍익대 교육학과

287 복지사회를 대비한 국민연금의 구조개혁
박영석 외 | 서강대 경영학부

288 한미 FTA 지재권 협상에 따른 의약품 분야 사회후생 변화
오근엽 | 충남대 무역학과

289 산업입지, 환경 그리고 지역경제
이기동 외 | 계명대 국제통상학과

290 감성지능 개발을 통한 삶의 질 향상
김경수 외 | 전남대 경영학부

291 교육복지론
이용교 외 | 광주대 사회복지학부

292 인간과 행복에 대한 철학적 성찰
박찬국 | 서울대 철학과

293 유럽연합의 사회통합 사례와 교훈
이무성 | 명지대 정치외교학과

294 민영화와 사회후생
이상호 | 전남대 경제학부

295 북한의 교육학 체계 연구
최영표 외 | 동신대 교육대학원

296 한국 지속가능발전의 구조와 변동
정대연 | 제주대 사회학과

297 우리나라의 공익 연계 마케팅에 관한 연구
임승희 | 전주대 경영학부

298 시각장애인복지론
김영일 | 조선대 특수교육과

299 그린에너지와 환경촉매
정석진 | 경희대 화학공학과

300 취약학교 초등학생을 위한 온라인 보건 교육 프로그램
박경옥 | 이화여대 보건관리학과

301 신탁제도를 통한 고령자의 보호와 지원
최수정 | 서강대 법학전문대학원

302 사회적 약자계층에 대한 실태분석 및 정책방안
이은우 외 | 울산대 경제학과

303 한류 문화와 동북아 공동체
최혜실 | 경희대 국어국문학과

304 노동유연화와 해고보호법
권혁 | 부산대 법학전문대학원

305 사회복지 위험관리의 이해
박미은 | 한남대 사회복지학과

306 의료기관의 회계와 세무
노준화 | 충남대 경영학부

307 여성인적자원의 전문성 확보를 위한 경력개발
백지연 | 이화여대 국제사무학과

308 정신병리
강선경 | 서강대 신학대학원

309 바다의 반란 적조
윤양호 | 전남대 해양기술학부

310 한국 장애인 복지 발달사
이성규 | 서울시립대 사회복지학과

311 서양예술 속의 동양 탐색
진상범 | 전북대 독어독문학과

312 한국인의 도덕성 발달 진단
문용린 | 서울대 교육학과

313 영국정치와 국가복지
고세훈 | 고려대 공공행정학부

314 인간학적 사유를 여는 중도 · 중복장애 교육학
이숙정 | 단국대 특수교육과

315 개별화 교육과정
이소현 | 이화여대 특수교육과

316 인간의 긍정적 성품
권석만 | 서울대 심리학과

317 지방자치와 지역여성의 전망
이혜숙 | 경상대 사회학과

318 한국 현대 노년소설 연구
전흥남 | 한려대 교양학부

319 정보격차 해소를 위한 창의적 정보교육 프로그램
이영준 외 | 한국교원대 컴퓨터교육과

320 한국 가족과 젠더
손승영 | 동덕여대 교양학부

321 한국의 복지혼합
김진욱 | 서강대 신학대학원

322 사회자본과 자원봉사
김태룡 외 | 상지대 행정학과

323 농촌교육복지연구
박삼철 | 단국대 교양학부

324 사회정체성 평가 차원에 대한 국제비교조사
이명진 | 고려대 사회학과

325 캐나다 복지국가 연구
조영훈 | 동의대 사회복지학과

326 한국의 소수자운동과 인권정책
전영평 외 | 서울대 행정대학원

327 한국과 미국의 보육서비스 전달체계와 품질 비교분석
김근세 외 | 성균관대 국정관리대학원

328 한국사회의 소득불평등과 국민 의료이용
이용재 | 호서대 사회복지학과

329 정보시대의 인간안보
조화순 | 연세대 정치외교학과

330 가족의 사회경제적 특성과 아동발달
김광혁 | 전주대 사회복지학과

331 초 · 중 · 고등학생의 학업소진 진행과정 및 경로분석
이상민 | 고려대 교육학과

332 다문화사회의 사법통역
이지은 | 이화여대 통역번역대학원

333 동아시아 지역주의
유현석 | 경희대 정치외교학과

334 환경친화적 공공시설관리와 지역공동체의 삶의 질
이소영 | 중앙대 실내디자인 · 주거환경학과

335 의료보험의 법정책
김나경 | 성신여대 법과대학

336 양극화 시대 가족해체와 청소년의 적응에 관한 한국과 미국의 비교 연구
오승환 외 | 울산대 사회복지학과

337 기업의 사회적 책임과 지역경제사회발전 연구
허영도 외 | 울산대 경영학부

338 노인의 삶의 질 향상을 위한 온라인 소셜 네트워크 구축 방안
김진우 | 연세대 경영학과

339 청소년 생활역량
윤명희 외 | 동의대 평생교육학과

340 외국인 배우자의 다양성과 국제결혼의 안정성
김두섭 | 한양대 사회학과

341 정보인권의 규범구체화
이민영 | 가톨릭대 법학과

342 한국 사회복지실천의 고유성
최성재 외 | 서울대 사회복지학과

343 스웨덴의 환경책임 실천모형
최희경 | 경북대 행정학부

344 자율운동과 주거공동체
윤수종 | 전남대 사회학과

345 한국인의 공공봉사동기
김상묵 | 서울과학기술대 행정학과

346 한국 이혼가정 아동의 성장
김혜숙 | 경인교육대 교육학과

347 동양 사상과 노인 복지
홍승표 외 | 계명대 사회학과

348 노동과 사회보장의 연계
오문완 | 울산대 법학과

349 학습장애 위험군 아동의 조기선별을 위한 읽기검사 표준화 연구
김애화 외 | 단국대 특수교육학과

350 신·재생에너지에 기초한 녹색성장과 사회통합
김인호 | 이화여대 법학전문대학원

351 문화교류역량과 다문화 경영이 기업 경영성과에 미치는 영향
임병학 외 | 부산외대 경영학부

352 빈곤영유아의 발달과 적응
정익중 외 | 이화여대 사회복지학과

353 민사법질서와 인권
양천수 | 영남대 법학전문대학원

354 성년후견제도와 사회복지제도의 연계
신권철 | 서울시립대 법학전문대학원

355 한국 다문화사회의 이방인
김순양 | 영남대 행정학과

356 현대 시민사회와 소비자계약법
이병준 | 한국외대 법학전문대학원

357 개인의 사회적 정보보호를 위한 공공정보서비스 개선 연구
장항배 | 상명대 경영학과

358 여성교육투자에 대한 교육경제학적 탐색
백일우 외 | 연세대 교육학부

359 사회적 기업과 지속가능한 지역발전
임업 외 | 연세대 도시공학과

360 다문화가정 구성원에 대한 투트랙 한국어 교육방안 연구
박시균 | 군산대 국어국문학과

361 아시아의 빈곤과 한국기업의 역할
한인수 | 충남대 경영학부

362 유치원·초등학교 연계 환경교육
박희숙 | 공주대 유아교육학과

363 비정규 고용과 사회정책
구인회 외 | 서울대 사회복지학과

364 사생활의 자유에 관한 비교법적 연구
이창현 | 서강대 법학전문대학원

365 다중융합 환경 기반의 미디어스킨을 활용한 문화콘텐츠 디자인 적용방안에 관한 연구
오문석 외 | 광운대 미디어영상학부

366 북한이탈주민 여성의 성인식 관련 기초조사
한인영 외 | 이화여대 사회복지학과

367 노인주택 파노라마
유선종 | 건국대 부동산학과

368 시설보호 청년의 적응
정선욱 | 덕성여대 사회복지학과

369 다수 집단과 소수 집단의 심리
김혜숙 | 아주대 심리학과

370 바이오 휴머니티
권택영 | 경희대 영어학부

371 프랑스 다문화교육의 이해
이경수 | 상명대 불어교육과

372 한·중 서비스산업의 비교분석과 교역 확대 방안
김상호 | 리츠메이칸 아시아태평양대 국제경영학부

373 현대의학에 있어서 생명의 시간과 인간의 존엄
김학태 | 한국외대 법학전문대학원

374 0~3세 영유아의 영상물 과몰입 실태조사 및 정신건강증진 프로그램 개발과 적용
이경숙 | 한신대 재활학과

375 복지국가의 조세와 정치
양재진 외 | 연세대 행정학과

376 청소년기 자살행위 실태와 관련 요인
박선희 | 경희대 간호과학대학

377 기술혁신에 따른 지역 간 정보격차
최정혜 외 | 연세대 경영대학

378 한국 사회의 이중구조와 생애주기적 불평등
안상훈 편 | 서울대 사회복지학과

379 소비자의 친환경행동에 영향을 미치는 사회적·경제적 가치에 대한 고찰
송재기 | 텍사스테크대 경영학과

380 어머니 양육행동 관련 변인들과 유아 사회정서행동 간의 구조모형 분석
심숙영 | 숙명여대 원격대학원

381 조선족 여성, 동남아시아 여성 그리고 새터민의 적응 유형 분석 및 삶의 질 향상 방안 모색
정태연 | 중앙대 심리학과

382 세계의 연금, 한국의 연금
허만형 | 중앙대 공공인재학부

383 노인요양원과 문화 변화
최재성 | 연세대 사회복지학과

384 시민사회와 국제개발협력
손혁상 | 경희대 공공대학원

385 복지국가의 변화와 빈곤정책
김윤태 | 고려대 사회학과

386 다문화가정의 미디어 이용과 사회적 자본의 관계
진창현 | 경기대 경영학과

387 사회진출 대졸 초년생의 탄력성 변화 양상
이상민 | 고려대 교육학과

388 사회자본과 경제발전 그리고 정부의 질
도수관 | 대구가톨릭대 행정학과

389 망명과 귀환이주
서장원 | 고려대 독일문화학과

390 근거기반실천과 사회복지
김유진 | 경북대 사회복지학부

391 인터넷상 정보 유통에 대한 새로운 저작권 규율 방향 모색
박준석 | 서울대 법학전문대학원

392 한국 사회의 인종차별적 담화구조
이창수 | 한국외대 통역번역대학원

393 사회복지사의 사회복지 가치 지향
김용석 | 가톨릭대 사회복지학과

394 개인정보의 국제적 유통에 따른 법적 문제와 대책
박훤일 | 경희대 법학전문대학원

395 정신장애인의 인권
서미경 | 경상대 사회복지학과

396 취약계층 비만청소년들의 체중관리를 위한 건강증진 프로그램의 효과
김영호 | 서울과학기술대 스포츠과학과

397 한국 전통의 돈의 문학사, 나눔의 문화사
서신혜 | 한양대 창의·융합교육원

398 와이파이 공간과 모바일 정보 격차
이건학 | 서울대 사회과학대학

399 도시정비사업의 법적 쟁점과 해설
성중탁 | 경북대 법학전문대학원

400 사회서비스 제공기관의 조직요인과 성과
신창환 | 경북대 사회복지학부

401 도시 사운드스케이프 디자인
전진용 외 | 한양대 건축공학부

402 지방의회 의원윤리연구
김택 | 중원대 경찰행정학과

403 발달장애인 자립생활 증진을 위한 역량탐색 및 주거로서의 해결과제
김라경 | 광주교육대 교육학과

404 외국인고용제도개선과 인권
김상호 외 | 경상대 법과대학

405 사회복지연구에서 질적방법과 분석
김인숙 | 가톨릭대 사회복지학과

406 현대미술에서의 예술적 성장과 창의적 인재양성
백경미 | 울산과학기술원 기초과정부

407 현대인의 삶과 문화예술교육
곽삼근 | 이화여대 교육학과

408 문화적 배경과 체화된 인지
민동원 | 단국대 경영학부

409 아동 섭식행동평가 척도 표준화 및 섭식문제 현황 조사
정경미 | 연세대 심리학과

410 잊혀질 권리: 이상과 실현
문재완 | 한국외대 법학전문대학원

411 인권의 지역화: 일상생활의 인권 증진을 위하여
김중섭 | 경상대 사회학과

412 다문화 시대 이주민의 한국어 의사소통
민병곤 외 | 서울대 국어교육과

413 다문화 시대의 문화교육 커리큘럼
윤여탁 외 | 서울대 국어교육과

414 다문화 시대의 통일교육
박성춘 외 | 서울대 윤리교육과

415 다문화 시대 사회 통합을 위한 시민 교육
이진석 외 | 부산대 일반사회교육과

416 다문화 관련 법률 및 제도
박성혁 외 | 서울대 사회교육과

417 생태복원의 인문학적 상상력
김성도 외 | 고려대 언어학과

418 다국내 출생 다문화가정 청소년의 아픔과 분투: 사회적 차별로부터의 회복과 성장
서영식 | 연세대 교육학과

419 종교심리학의 이해: 죽음인식의 논의를 중심으로
김재영 | 서강대 종교학과

420 글로벌 시대의 사회통합: 세계적 추세와 한국의 위상
장용석 외 | 연세대 행정학과

421 소규모 사회적기업과 소셜미디어 마케팅
박철 | 고려대 글로벌비즈니스대학

422 동아시아 가면극의 역사와 전승양상
전경욱 | 고려대 국어교육과

423 무엇이 우리를 행복하게 하는가?
구교준 외 | 고려대 행정학과

424 디지털 중독의 이해와 대응 방안
오원석 외 | KAIST 경영대학

425 지속가능발전목표(SDG) 시대 한국의 복지와 행복지표 측정
한준 외 | 연세대 사회학과

426 지방정부 간 사회복지 불균형과 시민 행복
장용석 외 | 연세대 행정학과

427 일·여가의 변화와 행복 복지
유홍준 외 | 성균관대 사회학과

428 가족시간과 삶의 질
이윤석 외 | 서울시립대 도시사회학과

429 사회복지사의 유데모니아: 사회복지의 가치와 보람, 그리고 행복
송인한 외 | 연세대 사회복지대학원

아 | 산 | 재 | 단 | 연 | 구 | 보 | 고 | 서

1 한국인의 도덕성 연구
배해수 | 고려대 국문학과

2 산업화와 청소년 진로
이원호 | 울산대 교육학과

3 공동체의식과 시민운동
김영섭 | 한양대 행정학과

4 한국청년의 삶의 의미 충족도와 만족적 태도
안정수 | 경희대 철학과

5 중국조선족의 사회발전과 한·중관계의 위상
손장권 | 고려대 사회학과

6 해송림 "솔껍질깍지벌레"의 천적 및 주요 종의 생태
김규진 | 전남대 농생물학과

7 사회정의와 실천윤리
박종대 | 서강대 철학과

8 동구개혁의 영향
김달중 | 연세대 정치외교학과

9 한국청소년의 의식세계
김문조 | 고려대 사회학과

10 고강도 철근 콘크리트 구조의 실용화
정헌수 | 중앙대 건축학과

11 신기술의 연관형태 및 출현예측의 구조모형
권철신 | 성균관대 산업공학과

12 민간기업의 연구개발을 위한 조세정책
권영훈 | 한양대 경제학부

13 기술개발 활성화방안
송승구 | 울산대 화학공학부

14 부패의 현상과 진단
이문조 | 영남대 정치외교학부

15 연구투자의 지역적 편중화와 부산지역의 기초과학연구 활성화방안
윤웅찬 | 부산대 화학과

16 GATT의 신구 덤핑방지협정과 그 대응방안
전창원 | 동국대 무역학과

17 한국사회의 도덕성 제고를 위한 진단과 처방
황경식 | 서울대 철학과

18 새로운 노사관계 방향
이진규 외 | 고려대 경영학과

19 21세기 동북아 정세예측과 한국의 전략적 대응방안
최평길 외 | 연세대 행정학과

20 소련의 한국에 대한 정책목표분석
신승권 | 한양대 정치외교학과

21 메모리 커패시터용 $Pb(Zr_xTi_{1-x})O_3$ 강유전체 박막의 제작과 특성
장지근 외 | 단국대 전자공학과

22 리시아 고제법힉의 전통
김용구 | 서울대 외교학과

23 유럽연합의 현황과 전망
김동현 외 | 성균관대 행정학과

24 중국의 정치동원
송영우 외 | 건국대 정치외교학과

25 산업적 활용을 위한 이동로보트 시스템의 개발
박민용 외 | 연세대 전자공학과

26 중국조선족의 정치사회화과정과 동화적 국민통합의 방향
전인영 외 | 이화여대 사회생활학과

27 공적부조의 이론과 실제
최일섭 외 | 서울대 사회복지학과

28 대외통상환경의 변화와 법제개편
서헌제 | 중앙대 법학과

29 기업금융의 국제화
최생림 | 한양대 경영학부

30 자동차부품공업의 노사관계
김호진 외 | 고려대 행정학과

31 산업화 과정에서의 한국가족의 실태와 선방
정창수 외 | 성균관대 사회학과

32 공무원 가치관 실태와 정립방안
배병룡 외 | 경상대 행정학과

33 해외귀국청소년의 국내적응연구
이장영 | 국민대 사회학과

34 초고속정보통신망에서 LAN서비스 제공방안
이재용 | 연세대 전자공학과

35 WTO체제의 정책적 대응
김병진 외 | 경희대 행정학과

36 유럽의 통합정치
최수경 외 | 충남대 정치외교학과

37 유기질폐기물을 이용한 고단백사료원인 조류의 생산공정
최정우 외 | 서강대 화학공학과

38 초고속정보통신망의 수용성과 정책방향
박영상 외 | 한양대 신문방송학과

39 중국의 강남사회와 한중교섭
조영록 외 | 동국대 사학과

40 세계화시대의 사회 · 문화의식
신행철 외 | 제주대 사회학과

41 국내 외국인 노동자의 문제와 대책
성규탁 외 | 연세대 사회복지학과

42 노인인력 활용정책과 프로그램
김정후 외 | 강원대 법과대학

43 한일간 학술교류 현황과 활성화방안
정홍익 외 | 서울대 행정대학원

44 계량모형에 의한 한일 경제관계의 이해
김명직 외 | 한양대 경제학부

45 직장인의 음주행태와 삶의 질
진기남 외 | 연세대 보건행정학과

46 유통정보 시스템의 구조와 설계
정용길 | 충남대 경영학과

47 남북통일 이후 사회통합을 위한 교육의 역할
안기성 외 | 고려대 교육학과

48 대중음악에 심취한 청소년들의 심리적 특성
김인경 외 | 연세대 인간행동연구소

49 멀티미디어 시스템을 활용한 교육환경의 개선방안
김한일 | 제주대 컴퓨터교육학과

50 탈냉전기 한일관계의 쟁점
최상룡 | 고려대 정치외교학과

51 자치시대 새로운 '삶의 질' 지표의 모색
김형기 외 | 경북대 경제통상학부

52 유럽통합의 역내외 협력과 갈등
이호재 외 | 고려대 정치외교학과

53 21세기를 대비한 신노사관계
김재원 | 한양대 경제학부

54 대학의 시간제학생 등록제
안규철 외 | 전남대 교육학과

55 21세기에 대비한 방송통신정책
한진만 외 | 강원대 신문방송학과

56 주민참여를 통한 혐오시설 관리운영방안
박균성 외 | 경희대 법학부

57 여성의 정치적 권리인식과 정치참여
전경옥 외 | 숙명여대 정치외교학과

58 한국인 위장질환과 식생활 · 환경요인 및 *H. pylori* 감염과의 관계
이양자 외 | 연세대 식품영양학과

59 학생과 시민의 자원봉사활동
윤정일 외 | 서울대 교육학과

60 동북아 환경문제와 지역환경협력의 모색
신연재 외 | 울산대 정치외교학과

61 노인 자원봉사활동을 통한 사회통합 프로그램 개발
김동배 | 연세대 사회복지학과

62 물류정보 시스템
김태현 | 연세대 경영학과

63 전자식 문서교환을 이용한 항공화물 운송체계
민재형 | 서강대 경영학과

64 청소년과 성
이근후 | 이화여대 의과대학

65 민족통합과 무궁화호 위성의 남북한 공동활용방안
방정배 | 성균관대 신문방송학과

66 채식주의가 20대 여성의 영양상태와 에스트로겐 대사에 미치는 영향
성미경 | 숙명여대 식품영양학과

67 가상정보공간을 통한 지역개발 활성화 전략
유재천 외 | 한림대 언론정보학부

68 조산아 관리현황 및 정책수립 방안
박상기 외 | 조선대 의과대학

69 남북한관의 의식조사와 통일교육 개선방안
김동규 외 | 고려대 북한학과

70 동양 전통 자연사상 탐구
장동순 | 충남대 환경공학과

71 초고속정보망의 시뮬레이터 구현
한기준 | 경북대 컴퓨터공학과

72 유통원가 시스템의 유효성
정다미 | 명지대 경영학과

73 국악과 문화관광의 만남
정익준 외 | 동아대 국제관광통상학부

74 기업의 지식경영 활용사례
김창은 | 명지대 산업공학과

75 선진국과 한국의 직업교육 · 훈련제도의 특성과 한계
정주연 | 고려대 경제학과

76 제주지역 성인 여성의 자원봉사활동
이상철 외 | 제주대 사회학과

77 M&A와 문화충돌 관리
박원우 | 서울대 경영학과

78 폐금속광산 인근 주민들의 중금속 오염실태
정종학 외 | 영남대 의학과

79 북한 농촌 · 농업실태와 인력자원개발 시스템을 통한 북한 농민의 구호방안
박성열 | 건국대 교육공학과

80 중소 소매점의 경쟁력과 소매성과
채명수 외 | 한국외대 무역학과

81 고령자를 위한 쾌적한 실내온도와 착의량의 설정
정운선 | 안동대 의류학과

82 지역문화 이벤트 PR
박종민 | 경희대 언론정보학부

83 인터넷 지역정보화의 실태와 전략
유평준 외 | 연세대 행정학과

84 여성 삶의 질 향상을 위한 사회교육 활성화 방안
김양희 | 중앙대 가족복지학과

85 벤처기업과 벤처금융
강대석 외 | 충남대 무역학과

86 구조조정기에 있어서 실업대책과 사회안전망 구축
박천익 | 대구대 경제학과

87 한국 유아의 조기교육
이명조 외 | 한국외대 교육대학원

88 남북한 경제공동체 형성전략
이상만 | 중앙대 경제학과

89 지방자치회계의 투명성과 주민의 알 권리
권찬태 외 | 경북대 경영학부

90 정치지도자의 정책리더십
이해영 | 경일대 행정학과

91 경제위기와 한국인의 복지의식
신광영 외 | 중앙대 사회학과

92 북한의 노동
김강식 | 한국항공대 경영학과

93 우리나라 중소기업의 정보기술 활용 현황과 경쟁력 강화를 위한 제안
정승호 | 부산외대 정보시스템학과

94 인간배아복제의 법적 · 윤리적 문제점과 그 해결방안
최병규 | 한경대 법학부

95 가치변화에 따른 투표행태
조찬래 외 | 충남대 정치외교학과

96 인터넷 경매에서의 계약체결과 소비자보호
이기수 외 | 고려대 법과대학

97 세계화시대 남북한 통합의 방향과 과제
윤민재 | 서울대 사회발전연구소

98 글로벌 시대 지방정부의 문화마케팅 전략
박흥식 | 중앙대 행정학과

99 대졸여성실업의 실태분석 및 대학-노동 시장 간 효율적 연계방안
이은우 외 | 울산대 사회과학부

100 그린 투어리즘의 분석
이응진 | 대구대 관광학부

101 지방자치단체장의 부정부패
오일환 | 한양대 아태지역연구센터

102 산업화가 유교체제하 중국여성의 지위에 미친 영향
천성림 | 배재대 사회과학연구소

103 움직이는 말하기
유혜숙 외 | 나사렛대 교양학부

104 장애학생을 위한 특수교육공학의 활용
김용욱 | 대구대 중등특수교육과

105 지식기반사회의 평생교육 이해와 평생교육 프로그램 개발
박성열 | 건국대 교육공학과

106 N세대의 미술교육
김동철 | 대구교육대 미술교육학과

107 노후계획과 투자
권택호 | 여수대 국제통상학과

108 영화산업
양영철 | 경성대 연극영화학부

109 동유럽의 변혁과 언론의 역할
정대수 | 경남대 정치언론학부

110 환율, 임금, 물가가 국제경쟁력 및 수출입산업에 미치는 영향
하인봉 | 경북대 경제통상학부

111 일본기업의 기술혁신 전략
위정현 | 중앙대 상경학부

112 노후보장정책과 역저당연금제도
조덕호 외 | 대구대 행정학과

113 유비쿼터스 라이프와 미래 사회
김석수 | 한남대 멀티미디어공학과

114 죽음과 관련된 생명윤리적 문제들
구인회 | 가톨릭의과대 인문사회과학교실

115 경제적 세계화와 빈곤문제, 그리고 국가
김준현 | 한일장신대 인문사회과학부

116 한국의 세계불교유산
김종명 | 한국학중앙연구원 한국학대학원

117 복지레저서비스론
고태규 | 한림대 국제학부

118 자생적 철학체계로서 인간중심철학
선우현 | 청주교대 윤리교육과

119 전략적 통합과 한반도 평화체제
김승채 | 고려대 정책대학원

120 환경시법론
전경운 | 경희대 법학부

121 인터넷 자료를 통해 본 한국의 이혼 문화와 사회복지
성정현 외 | 협성대 사회복지학과

122 유럽연합의 사회정책에 관한 연구
문진영 | 서강대 신학대학원 사회복지학과

123 여성건강의 통합적 관점
김혜원 | 관동대 간호학과

124 복잡계 네트워크 과학
강병남 | 서울대 물리천문학부

125 경제적인 3세대 전원주택 개발
박근준 | 호서대 건축공학과

126 사회복지와 인적자원개발
이상일 | 인제대 국제경상학부